GORDO

Marcel Langedijk

Gordon

Biografie van een entertainer

Lebowski Publishers, Amsterdam 2018

De uitgeverij heeft getracht alle rechthebbenden van het illustratiemateriaal te achterhalen. Diegenen die desondanks menen rechten te kunnen doen gelden, worden verzocht contact op te nemen.

Eerste druk, februari 2018
Tweede druk, maart 2018
Derde druk, maart 2018

© Marcel Langedijk & Gordon Heuckeroth, 2018
© Lebowski Publishers, Amsterdam 2018
© Omslagfoto: William Rutten
Omslagontwerp: Riesenkind, 's-Hertogenbosch
Typografie: Crius Group, Hulshout
Foto auteur: © Jesaja Hizkia

ISBN 978 90 488 4024 3
ISBN 978 90 488 4025 0 (e-book)
NUR 661 | 672

www.lebowskipublishers.nl
www.overamstel.com

OVERAMSTEL
uitgevers
Lebowski is een imprint van Overamstel uitgevers bv

MIX
Papier van
verantwoorde herkomst
FSC
www.fsc.org
FSC® C004472

INHOUD

PROLOOG

Zo'n tien jaar geleden sprak ik Gordon voor het eerst. Hij was al jaren de gevierde zanger en televisiemaker, ik was eindredacteur bij *Playboy*. Ik mocht bij hem thuis op audiëntie komen voor een interview. Er waren verse broodjes, sapjes en goede koffie, zojuist gehaald door zijn werkster. Van het gesprek weet ik niet veel meer, behalve dan dat hij openhartig en vriendelijk was, ondanks de vele verhalen die er over hem rondzongen.

Toen al.

En die verhalen rondom Gordon Heuckeroth zijn nooit minder geworden. Integendeel. Eind 2016 mocht ik hem opnieuw interviewen, ditmaal voor *JFK*.

We spraken af in een café op de Overtoom, niet eens zo ver van Gordons Amsterdamse appartement. Ik vertelde hem over onze eerdere ontmoeting. Hij knikte, matig geïnteresseerd.

Het werd evengoed een mooi gesprek. Over waarom hij zijn muzikale carrière aan het eind van dat jaar aan de wilgen zou hangen, over het gebrek aan respect dat ze voor hem hadden in Hilversum, over televisie en over de liefde, altijd weer over de liefde.

Van zijn manager, Mirjam, hoorde ik later dat hij het een fijn gesprek vond en dat hij blij was met het interview.

Daar moest ik aan denken toen ik een tijd later de documentaire van Michiel van Erp op televisie zag: *25 Jaar Gordon, Groots En Meeslepend*. Mooi, dacht ik, prachtig zelfs, maar uiteindelijk te kort om het hele verhaal te vertellen, om écht diep in te gaan op wie Gordon nu eigenlijk is. Na het zien van die documentaire vroeg ik me af of er eigenlijk al een biografie was van deze man die de gemoederen in Nederland al decennialang bezighoudt. En zo niet: moest die er niet komen, zeker nu hij bijna vijftig werd?

Die biografie was er niet.

Ik mailde Mirjam.

We spraken af.

Zo is het gekomen.

Vrijwel iedereen die ik sprak over dit project reageerde hetzelfde. Vrienden van me, collega-journalisten, mensen uit Gordons vak: ze vonden het super en geweldig, maar ze waarschuwden me ook. Die Gordon, zeiden ze, dat is wel een type hoor. Ze vertelden over de drank, de drugs, de mannen, de vrouwen, de seks, de onvoorspelbaarheid. Ze zeiden: hij is egocentrisch en narcistisch. Ze zeiden: pas op met die man.

Ze wisten heel veel over hem, dat viel me op, ook de mensen die hem nog nooit ontmoet hadden. Júíst de mensen die hem nog nooit ontmoet hadden. Die hadden het gelezen, verklaarden ze zich nader, in tijdschriften, kranten en op internet. Of ze hadden het van iemand die een kennis had die ooit op een feestje van Gordon in zijn zwembad was beland. Of in zijn bed. Het zou kunnen, Gordon houdt van feestjes. Hij geeft ze graag en zoals hij zelf grif toegeeft: op die feestjes gaat het dak eraf. Gordon houdt ook van drank, namelijk, en van drugs. Hij houdt ervan om het leven te vieren. Hard. Soms iets te hard, dat weet hij ook wel. Maar dat is niet erg zolang zijn leven in balans is. Er is veel en hard gefeest en hij gaat nog steeds weleens door de geluidsbarrière, maar zeker de laatste jaren is het rustiger in huize Heuckeroth. Hij wordt vijftig, het mag iets rustiger allemaal.

Ik ben niet op Gordons feestjes geweest. Ik heb er wel over gehoord. Niet alleen van vrienden van vrienden, maar ook van Gordon zelf. Ik heb gehoord van de drugs en de champagne, van de seks in het zwembad, van de kameel die door zijn tuin liep, de strippers en de hoeren, ik heb gehoord van de Hollywood-achtige taferelen die zich afspeelden in zijn Blaricumse villa. Hij is er altijd open over geweest en dat is hij ook in dit boek. Toch is dat deel van zijn leven maar een klein onderdeel van deze biografie. Het hoort bij hem, zeker, maar er is veel meer Gordon. In de driekwart jaar dat ik met hem optrok, stond ik slechts één keer voor een dichte deur. 'Sorry schat,' appte hij me, toen ik aanbelde, 'het was kermis vannacht, ik ben echt niks waard.' Verder was hij stipt op tijd.

Gordon nam het serieus. Hij opende de deuren van zijn luxe villa in Het Gooi, die van zijn appartement in Amsterdam, hij nam me mee naar zijn werk, we reden samen vele kilometers in zijn wagen, hij vloog me zelfs hoogstpersoonlijk naar Texel. Ik las alles wat er over hem te lezen viel, vroeg hem naar de achtergronden van al die relletjes, publieke vetes en ruzies. We zaten en we praatten. Urenlang, ondanks het feit dat hij soms dood-moe was. Hij huilde veel, maar we hebben nog vaker gelachen.

Dit boek is zijn verhaal. Het is het verhaal achter de koppen op nu.nl, achter de smeuïge details in de rod-delbladen. Het is geen verhaal *over* Gordon. Die kennen we wel uit de media, horen we van anderen om hem heen. Dit is het verhaal *van* Gordon, zijn levensverhaal. Zijn kant, vooral ook omdat de andere kant al zo vaak te lezen is geweest.

Het is een blik in de complexe geest van een van Ne-derlands bekendste entertainers geworden.

Hoe is het om hem te zijn, vroeg ik me aan het begin van dit project af. Laat ik volstaan met te zeggen dat ik nu, na een periode van intensief met elkaar optrekken, niet jaloers op hem ben.

Gordon is vermogend, heeft een imposante zangcar-rière achter de rug, is niet meer weg te denken van de Nederlandse televisie en heeft onvoorstelbaar veel fans, maar hij zou er nooit aan begonnen zijn als hij de prijs van dit alles van tevoren had geweten.

Dat begrijp ik nu heel goed.

De roem is, zeker in een klein land als Nederland, ronduit verstikkend. Gordon is niet een beetje bekend, Gordon is enorm bekend. Of je hem nu haat of dol op hem bent: je weet wie hij is. Iedereen weet wie hij is, waar hij ook komt. Of hij nu op Texel is of bij de supermarkt op het Museumplein in Amsterdam; mensen spreken hem aan, vragen om een foto, willen een babbeltje. Zoals hij het zelf zegt in dit boek: 'Ik kan nergens meer heen. Die tijd is geweest.'

Dan is er nog zijn liefdesleven. Dat heb je grotendeels zelf in de hand, daar moeten we niet al te dramatisch over doen, maar feit is dat iemand als Gordon in Nederland nooit meer onbevangen aan een relatie kan beginnen. Iedereen weet wie hij is, wat hij doet en hoeveel geld hij verdient. Geen goed uitgangspunt voor een relatie – nog even afgezien van Gordons vaak niet al te handige keus in mannen (en vrouwen).

Tot slot zijn er Gordons alleszins moeilijke jeugdjaren waarin de kiem voor vrijwel al zijn latere problemen werd gelegd.

Begrijp me niet verkeerd: Gordon is niet zielig. Integendeel. Hij is een zeer welvarende levensgenieter met een succesvolle koffiezaakketen en een onverminderd doordenderende carrière in de wereld van glitter en glamour. Maar ik zou niet in zijn schoenen willen staan. En ik denk dat dat geldt voor iedereen die deze biografie leest.

Marcel Langedijk
november 2017

DE MAN

I.

'Kijk,' zegt Gordon, 'hier liggen ze.' Hij wijst naar het graf van Joop en Marie Heuckeroth, onder een grote boom in een mooi perkje van de Noorderbegraafplaats. Zijn ouders.

Gordon is hier een paar keer per jaar. Sowieso op Moederdag, en dan brengt hij een doosje tompoezen mee. Traditie.

'Ik vind het hier prachtig, ik kom hier echt tot rust. Het is een van de weinige begraafplaatsen waar mensen nog van alles neer mogen zetten: beelden, ornamenten, foto's, weet ik het.'

Hij knikt naar een plek, iets verderop. 'Dat graf daar is er al sinds 1997 en ze steken elke dag een kaarsje aan. Ik zeg het je: dat kaarsje brandt elke dag.'

De blik gaat weer naar het graf van zijn ouders. 'Mooi hè, zo, in het midden. Ik heb er vrede mee, ze liggen hier prachtig. Ik wil hier later ook liggen, bij mijn ouders. *Reunited.* Er kunnen er zes in, in dit graf, dus we zien wel wie er nog bij komen. Er komt dan wel een nieuwe steen op, dat heb ik al geregeld. Net als de uitvaart. Het wordt geen staatsbegrafenis, dat hoef ik niet. Ik wil wel dat er flink gedronken wordt. Het leven vieren, dat is het idee.

Ik heb alles goed geregeld. Mijn testament heb ik pas-geleden nog laten aanpassen. Ik wil dat zaken goed ge-regeld zijn voor de mensen die ik achterlaat, zoals mijn ex-vriend Patrick en mijn vrienden. Het is kut om daar-over na te denken, maar ik heb er de laatste tijd drie naar het graf gedragen, mensen van begin veertig. Ik heb zo een afspraak met een man in Blushing Blaricum, een van mijn horecazaken. Ik ga hem gedag zeggen omdat hij er binnenkort niet meer is. Vijfenveertig is ie, en hij heeft nog een maand te leven. Verschrikkelijk.'

'Ik heb er altijd al veel over nagedacht, over de dood. Het begon eigenlijk met een van mijn allerbeste vriendinnen, Tony Mestriner. De vrouw die mij destijds in Zuid-Afri-ka helemaal heeft opgevangen, toen ik daar net doorbrak. Ze was eigenaar van het Table Bay Hotel in Kaapstad, een prachtige plek. Ze viel zo plotseling weg... Leukemie, drie maanden te leven had ze nog. Zo'n leuk mens. Maar daar wordt niet naar gekeken, hoe leuk je bent.

Je moet je gelukkig prijzen dat je er bent. Dat je er nóg bent. Zo redeneer ik. Ik ben ook niet bang voor de dood. Ik vind het wel lekker rustig, het idee. Ook als je weet wat ik allemaal heb meegemaakt. Dan hoef je niet te rouwen. Ik heb zoveel gedaan. Ik ben eigenlijk honderd, het dubbele van mijn leeftijd, zoveel heb ik geleefd.'

We wandelen terug naar de uitgang. De zon is meedo-genloos, het zweet staat op zijn gezicht. Bijna vijftig is hij, een grote man, net geen twee meter lang. Fors ook, al zal hij later dat jaar met pijn, moeite en heel veel overgave zo'n vijftien kilo afvallen.

Bij zijn auto, een buitenmodel Amerikaan, staan twee oudere dames. Grijze krullen, keurig verzorgd. Ze zien ons aankomen. 'Dag Gordon, jongen, we zaten net je wagen te bewonderen.' Ze spreken zijn naam uit als Kordun, plat Amsterdams. Gordon lacht, zegt 'dag schat', vraagt hoe het is, maakt een gebbetje.

'Ik ben een van hen,' zegt hij later in de auto, 'zo zien ze dat, en zo is het ook. Ik kom hier vandaan, uit Amsterdam-Noord, hier liggen mijn wortels. Bij deze mensen kan ik nooit stuk.'

We rijden de Florabuurt in, de wijk waar de familie Heuckeroth woonde. De smalle Weegbreestraat in. Kleine huisjes, arbeiderswoningen, nette tuintjes. We stoppen voor nummer 65.

'Hier was het, jongen, hier woonde ik. "De Rimboe", zo noemden ze de Florabuurt. Een echte volksbuurt. Kijk, dat raampje, dat was mijn kamertje. Heel klein allemaal. Ik kan het me bijna niet meer voorstellen dat ik hier gelopen heb, vroeger. Boodschappen halen op de hoek bij tante Greet, van het buurtwinkeltje. Daar kon je alles kopen: kaas, melk, boter. Nu is het een woonhuis, zie je. Het was hier heel gezellig. Heel dorps, maar dan in de stad. Al voelde je je hier niet echt een Amsterdammer. Noord is toch een apart onderdeel van de stad. Het was allemaal wel groener dan nu. Er was niks hier, nu is alles volgebouwd.

Iets verderop had je een andere wijk, Banne Buiksloot. De Banne. We vochten altijd met mensen uit die buurt. Er was veel rivaliteit tussen de Banne en Floradorp. Water en vuur. Heel heftig. En je moest wel meedoen, iedereen deed mee. Ik heb nog een keer een steen naar m'n hoofd gehad. Flink gat in mijn kop.

Toch waren wij eigenlijk een heel keurig gezin, vergeleken bij de vele asociale mensen die hier woonden. Wij waren een vreemde eend in de bijt, net iets anders dan de anderen. De familie Heuckeroth stond bekend als de wat nettere tak van Floradorp.'

Cornelis Willem Heuckeroth is de jongste van acht kinderen. Negen, eigenlijk, want er was nog een broertje. 'Johnnie overleed. Wiegendood. Negen maanden was ie. Ze vonden hem dood in bed. Het was het derde kind van mijn ouders. Rampzalig. Daar hebben ze een knauw van gekregen. Mijn moeder heeft altijd met zijn bidprentje op zak gelopen, in haar portemonnee. Overal waar ze was. Als we erover spraken, liepen de tranen over haar wangen. Negen maanden oud, vind je je kind dood in bed. We hebben dat bidprentje in mijn moeders kist gelegd na haar overlijden. Johnnie Heuckeroth junior... Hij had nu zestig geweest.'

Hij somt de anderen op: 'Mijn oudste zus, Marja, en daarna komen Joke, Tineke, Lydia, John, Monique, Martin en ik. Er zitten acht jaar tussen Martin en mij. Een nakomertje, ja. Wel gewenst, niet gepland. Naast mijn echte ouders had ik dus vijf moeders en twee vaders.'

Gordons familie is een pijnlijk onderwerp in zijn leven. Hij kan niet met en niet zonder ze. Het ene moment spreekt hij vol warmte over ze, vertelt hij over die zondag, laatst, dat ze weer – bijna met z'n allen – bij elkaar waren. Bij hem thuis, mooi weer, iedereen vrolijk. Net als vroeger. Maar een maand later gaat het over het verdriet en de woede die ze bij hem oproepen. Over waarom hij in godsnaam de boel bij elkaar probeert te houden, terwijl de rest het geen moer interesseert. Over het bloed dat ze onder zijn nagels vandaan halen.

Maar: 'Ik heb het vroeger heel leuk gehad. Dat gevoel overheerst. Ik was de jongste, ik werd verwend, werd overal mee naartoe genomen, door iedereen gekoesterd. Ik was een monsterlijk lelijke baby, maar werd daarna een prachtig kind, met lange krullen.

Mijn broers en ik sliepen op één kamer. John, Martin en ik. Twee zusjes, Marja en Joke, waren al uit huis, die heb ik nooit thuis meegemaakt. Toch was het verschrikkelijk druk, met z'n negenen in dat piepkleine huisje.'

Terugkijkend op die eerste jaren van zijn leven overheersen dus de positieve gedachten. 'We waren zó hecht. Het was gezellig thuis. Samen voor de houtkachel, samen in de tuin, barbecueën, schommelen op de schommel die ik voor m'n verjaardag had gekregen. En later: samen thuiskomen van de markt met mijn ouders. Julio Iglesias, André Hazes, Charles Aznavour, Vicky Leandros, een van die platen stond altijd op. Lagen we allemaal voor de kachel, rond een uurtje of halfzes. Helemaal kapot van de dag op de markt. Een dutje na een lange dag. Dat doe ik nog steeds. Ogen dicht, boem, ben ik weg.

We waren een team. Heel saamhorig. Iedereen was goed met elkaar, er waren geen problemen. En we hadden humor. Allemaal. Dat was een groot ding bij ons thuis, dat had je nodig om te overleven. Met z'n allen tegen elkaar in.'

'Ik ging naar de Sint Franciscus van Assisischool. De katholieke basisschool, naast de Sint-Stephanuskerk. Ik was een creatief joch, maakte mooie dingen.'

Hij herinnert zich juffrouw Koning, een dame met een 'enorme overbeet'. Hij doet haar na, giert van de pret bij die herinnering: 'Ik moest daar vreselijk om lachen, om die vrouw. Ja, ik was toen al een etterbak. "Heuckeroth, eruit, nu, op de gang!"

Dan had je juffrouw De Beer, dat was mijn oogappeltje. En meester Assink. Ik vermoedde dat die man hartstikke nicht was. Er klopte iets niet, hij praatte zo apart, wapperde zo gek met z'n handjes. Hij had een kaal hoofd met een rode band haar; ik zie hem nog zo voor me. Rob Bianchi was de gymleraar. Die woont bij mij in het dorp, in Blaricum. Ik hoefde nooit mee te gymmen van hem. Ik had een hekel aan gym, was altijd scheidsrechter.

Ik kom meneer Bianchi nog regelmatig tegen. Ik denk dat hij inmiddels in de tachtig is. Geweldige kerel. Hij vond me een belachelijk uitzonderlijk kind, zegt hij altijd. De draak steken met anderen, altijd lachen. Dat was ik wel, ja. En dat ben ik eigenlijk nog steeds. Ik hoor dat ook vaak van anderen: wat een energie heb jij. Dat is voor mij heel gewoon, zoals voor de meesten in ons gezin. Een tomeloze energie. En we zijn positief hè, we houden niet van negatief of neerslachtig. Ik wil mensen meetrekken. "Kom op!"

Ik heb geen donkere kant, vind ik, ik ben niet destructief. Ik ben een genieter. Altijd geweest. Ik wil zo graag dat het goed gaat met iedereen. Mensen kwamen altijd al naar me toe, nu nog, ik was en ben een magneet vol positieve energie. Ik maak wel grappen over je, maar het is nooit té erg, ik ben echt niet de pestkop die mensen altijd denken dat ik ben.'

Positieve magneet of niet, de jonge Gordon had weinig echte vriendjes. En degenen die hij had, nam hij niet graag mee naar huis. 'We hadden al zo'n druk gezin. Mijn vader en moeder vonden het wel lekker als we even weg waren: sodemieter gauw op met al die kinderen. Bartje was een vriendje van me. Op hem was ik helemaal verliefd. Dat denk ik dan, ik was nog heel jong. Jan, ook een vriendje, die woonde iets verderop in de straat. En dan had je mijn buurmeisjes. Jacqueline en Ingrid, van de overkant. Met die twee was ik onafscheidelijk. Dan had je Cor, die woonde ernaast, met zijn moeder. En dan nog een heel groot gezin, die woonden op de hoek. Pal naast ons woonde een Surinaamse familie. Ik was altijd verliefd op Claudia, het mooiste meisje van dat gezin. Ik was zo door haar gebiologeerd, ze had prachtige lippen. Zij hadden een grote invloed op ons gezin. Door het lekkere eten dat ze maakten, maar vooral door de muziek. Ik kwam daar als jongetje van zes, zeven en hoorde daar voor het eerst soulmuziek: Stevie Wonder, Sister Sledge. Dat namen we allemaal over. Prachtige muziek.'

Dat het niet allemaal gezellig, vrolijk en zorgeloos was thuis bij de familie Heuckeroth, daar kwam Gordon rond zijn zevende achter. Op afschuwelijke wijze. 'Ik ben misbruikt, van mijn zevende tot mijn twaalfde. Het zou me niet verbazen als ik niet de enige in ons gezin was die dit is overkomen.. Nee, ik ga niet zeggen door wie, dat komt te dichtbij, dan maak ik iemand kapot, dat wil ik niet. Het was een familielid, daar wil ik het bij laten. Maar zoiets vormt je wel. Mijn hele seksuele denken is bepaald door dat misbruik.

We stapten ook van het geloof af. Er werd daarvoor altijd gebeden aan tafel, mijn ouders gingen elke zondag naar de kerk, maar ik weet daar zelf niets van. Ik heb dat nooit gezien, nooit meegekregen, ik heb het van mijn broers en zusters gehoord. Mijn ouders waren schijnbaar helemaal klaar met dat geloof. Volgens mij op het moment dat ze diegene voor het eerst op heterdaad betrapten. Al voordat het misbruik bij mij begon. Maar het was niet alleen dat, ik denk dat mijn vader en moeder ook echt een klap hebben gehad van het overlijden van mijn broer Johnnie.'

Het misbruik, het overlijden van Gordons broertje; het ontwrichtte het gezin Heuckeroth dusdanig dat je inmiddels gerust mag zeggen dat het nooit meer helemaal goed is gekomen. Ook omdat de relatie tussen Gordons ouders, Marie en Joop, nooit goed was geweest.

'Mijn vader en moeder kenden elkaar van de kerk. Ze waren allebei knap, vonden elkaar leuk en hebben liggen neuken. Zij werd er direct zwanger van en dus moest er getrouwd worden. Want katholiek. Een moetje. De boel werd bezegeld met een huwelijk in de kerk en dan blijf je dus mooi de rest van je leven bij elkaar. Terwijl die mensen eigenlijk nooit bij elkaar hadden moeten blijven, dat is een ding dat zeker is. Mijn vader en moeder pasten totaal niet bij elkaar. Qua intelligentie niet, qua opvattingen en karakter niet, ze kwamen uit twee totaal verschillende werelden.

Ik heb zoveel respect voor mijn vader gekregen, later. Hoe heeft die man dat volgehouden? Hij heeft de gifbeker helemaal leeggedronken. Mijn moeder was een labiele, naïeve vrouw. Mijn vader was juist heel intelligent. Die twee samen, hoe ze het zo lang hebben volgehouden is me echt een raadsel. Waarom?! Had uit elkaar gegaan, in godsnaam. Dat zeiden we ook regelmatig tegen ze. Ga uit elkaar! Honderdduizend keer hebben we het gezegd. Het gebeurde niet.

Daarom begon mijn vader ook met drinken; hij was alcoholist. Op zijn sterfbed zei mijn vader tegen me: "Als ik straks doodga, leer je pas je moeder kennen." Hoe hard is dat? Maar het is wel uitgekomen. Ineens kreeg ik door hoe ze was. Ik ben altijd dol geweest op mijn moeder, nog steeds, maar ze is de spil geweest van heel veel ellende binnen onze familie. Ze was gek op John, bijvoorbeeld, mijn oudste broer. Die was haar oogappel, die had een speciaal plekje. Dat gaf wrijving. Mijn broer Martin heeft zich altijd achtergesteld gevoeld, tot op de dag van vandaag. Het empathisch vermogen van mijn moeder was weg. Ze was te beschadigd.'

De warme herinneringen maken plaats voor de koude. Zijn ogen lopen vol. 'Mijn zus Tineke was mijn lievelingszus, mijn alles, en ik was dat voor haar. We deden alles samen. Tot ze op een gegeven moment verkering kreeg en ging trouwen. Met Geert. Mijn vader en moeder kwamen helemaal in opstand tegen die gozer. Zo ging het elke keer; ze hadden altijd problemen met de mannen of vrouwen die we mee naar huis namen. Met Tineke is dat zo geëscaleerd dat ze tien jaar lang niet thuis is geweest.

Ik kan me daadwerkelijk nog het moment herinneren dat ik bij mijn moeder op de arm zat en dat ik die auto met Tineke erin weg zag rijden. Dat heeft er zo in gehakt. Ik heb daar heel veel last van gehad.

Ik snapte het ook niet. Waarom maakten mijn ouders zoveel problemen met mijn zusjes en broers? Ze zijn niet eens op de bruiloft van mijn oudste zus Marja geweest. Terwijl ik bruidsjonkertje was. Ze keurden niemand goed. Waarom niet? Iedereen maakt toch zijn eigen keuzes in het leven? Dat heeft zoveel verdriet veroorzaakt bij ons. Weet je wat het met je doet wanneer je als klein kind je lievelingszus kwijtraakt? Ik denk oprecht dat daar mijn verlatingsangst vandaan is gekomen.

Natuurlijk heb ik het gevraagd aan mijn ouders, later. Mijn vader zei alleen maar: "Ik vond niemand goed genoeg." Wie bepaalt dat, wanneer is iemand goed genoeg? Dat weet je toch nooit? Dan ben je heel bekrompen. Zeker als het betekent dat je kind vervolgens niet meer bij je thuiskomt. Je eigen kind…

Natuurlijk komt dat ergens vandaan. De ouders van mijn moeder heb ik nooit gekend, maar ze is opgegroeid in een heel groot, katholiek gezin: tien kinderen. Haar moeder is van de een op de andere dag weggelopen. Gewoon weggelopen. Ze liet haar man en tien kinderen achter. Later bleek ze psychisch niet in orde te zijn.

Een drama. Mijn moeder, de oudste, stond er ineens alleen voor. Ze werd de moeder van al die kinderen. In haar eentje, want een paar weken later stierf haar vader ook nog. Er viel een kruiwagen van een steiger, zo op zijn hoofd. Dood. Dat kun je je bijna niet voorstellen, toch, zo kort op elkaar?

Mijn moeder heeft dat nooit kunnen verwerken. Ze zei altijd: "Ik ben liefdeloos opgevoed, ik heb nooit liefde gekend." Niet zo heel verwonderlijk, dus, na alles wat ze had meegemaakt dat ze een spijkerharde vrouw werd. Want dat was ze. Ik zou zelf denken: dan doe je toch vervolgens het tegenovergestelde met je eigen kinderen, en ze had ook echt wel haar lieve kanten, maar ze was vooral spijkerhard.

Mijn vaders vader was een tiran. Een vreselijke man. Ik was bang voor die vent. Mijn vader ook. Mijn vaders moeder was gelukkig de liefheid zelve. Ik was gek op oma, ze woonden bij ons om de hoek, op de Floraweg. We waren dag en nacht bij elkaar. Ik voel nog steeds haar handen, weet je dat?'

Joop Heuckeroth, Gordons vader, was een man van duizend ambachten. Marktkoopman en rijschoolhouder, maar hij was ook melkboer.

'Die melkboertijd heb ik niet meegemaakt. Ze hadden een winkel in Amsterdam-Oost. Moeder achter de kassa, mijn zusjes helpen. Na die melkhandel kwam de markt en de rijschool. HEBU heette ie. Van Heuckeroth en Bunschoten, de meisjesnaam van mijn moeder. Lekker *corny* ook.

Hij deed dus van alles, die ouwe. Hij had op een gegeven moment ook een SRV-wagen gekocht, zo'n oude melkwagen. Hing ie vol met kinderkleding en daar ging hij dan mee langs de deuren. Naar Almere, dat was toen net opgericht. Met zo'n oude SRV-wagen langs de deuren, zie je het voor je? Mochten wij aanbellen. "Dingdong, dag mevrouw, wilt u babypakjes kopen?" Je schaamde je dood.

Hij stond op een gegeven moment met die wagen ergens op een overdekte markt. Was ie het niet eens met de pacht die hij moest betalen. Dus hij onderhandelen met zo'n kerel.

Hij zegt: "Er is geen hond hier, op deze markt, wat denk je wel niet?"

Die man: "Jammer, maar dan blijf je hier maar lekker staan, want ik laat je er niet uit als je niet betaalt."

Mijn vader: "O ja, moet jij eens opletten."

Is ie met die hele kar dwars door de deur gereden. Met zijn kinderen erin, hè. Echt. Zo was hij. Dat was van heel korte duur, die wagen.

Maar hij heeft altijd zijn geld verdiend voor ons, ervoor gezorgd dat we het bovengemiddeld goed hadden. Hij was een echte ondernemer.

Ik denk vaak: schat, wat heb ik veel van jou. Heel veel goede, maar ook heel veel slechte dingen. De belasting kwam ooit beslag leggen op onze spullen. Was er weer iets gebeurd, weet ik veel wat. Had ie de poten van alle stoelen aan tafel doorgezaagd. Allemaal. Die man kwam binnen. Mijn vader zegt: "Ga lekker zitten."

Wat een slapstick. Dat is toch geweldig.

Mijn vader zei altijd: "Je moet nooit van de kleinen stelen, maar als je de groten kunt pakken, moet je het doen. Verzekeringsmaatschappijen, banken, pak ze maar. Bij de groten zit genoeg." Dat heb ik altijd onthouden.'

'Zeker toen ik jong was, keek ik heel erg tegen mijn vader op. Een ras-Amsterdammer was het. Een gentleman, dat ook. Gesoigneerd gekleed, mooi colbertje, stropdas om. En als hij iemand te woord moest staan, kon ie ineens ook heel geaffecteerd spreken. 'Ja, goedemiddag, met de heer Heuckeroth.' Dat vond ik zó geweldig, fuck, dat wilde ik later ook.

Hij kon ook heel mooi kalligrafisch schrijven. Dat heeft ie mij geleerd, toen ik acht was. Stonden ze later op de lts, waar ik menukaarten moest maken, heel erg van te kijken. Zoiets hadden ze nog nooit gezien. Ik heb nog steeds een prachtig handschrift trouwens.

Een fantastische man was het. Tenminste: als hij niet gedronken had. Drank was altijd al een probleem, zolang ik mij kan herinneren. Mijn vader heeft altijd gedronken.

Ik weet nog dat ik een keer onder de tafel school. Ik moet een jaar of vijf zijn geweest. Het hele huis werd afgebroken, alles werd stukgeslagen. Zo traumatisch.

Eerst was het Tineke die mij beschermde, maar toen die het huis uit ging, nam John die rol over. Totdat hij ook het huis uitging. Toen stond ik er alleen voor. John kon zo boos worden op m'n vader. Hij heeft op een dag een gat in de muur geslagen, zo kwaad was hij. Ik stond erbij. Belde mijn vader gewoon de politie. Liet ie m'n broer arresteren, met z'n dronken harses.

Hij sloeg ons nooit, dat niet. Ik kreeg weleens een pets voor m'n kanis natuurlijk, maar verder niet. Mijn moeder sloeg hém wel. Ik heb haar hem neer zien slaan met een moonboot, zo'n grote sneeuwschoen. In de tuin. Bam, daar lag ie. Dat zijn dingen die je nooit meer vergeet.

Hij schold m'n moeder zo vaak uit. Noemde haar een hoer, omdat ze zogenaamd weer met die of die in bed had gelegen. Dat was die drank. Die drank was verschrikkelijk.

Dit staat ook nog op mijn netvlies: mijn moeder en ik, samen op weg naar Café Van Bellen, hier in Amsterdam-Noord. Ze hield mijn hand vast, liep hard, was woest. Mijn vader zat daar in de kroeg. Alweer. "Klerelijer", dat zei ze steeds, ik hoor nog altijd de woede in haar stem. Wij gingen pa ophalen. Toen we bij het café aankwamen pakte ze een baksteen en gooide die dwars door het raam. Ze gooit hem zó door het raam! Ik was verbijsterd. Moet je je voorstellen dat je als kind van vijf, zes met je moeder wordt meegesleept en dat meemaakt… Godverdomme. Hij kwam uiteindelijk kneiterlam die kroeg uit.'

'Hij was echt de allerliefste man van de wereld, maar als hij dronk, ging het mis. Helemaal als hij een delirium kreeg… Dat was verschrikkelijk.

Al die herinneringen… Toen ik zestien of zeventien werd, kwam ie spiernaakt van de trap af. Op mijn verjaardag. Ik voelde me verschrikkelijk. Zo beschaamd. Niet voor te stellen.

Hij ging natuurlijk ook vreemd, die ouwe. Ik weet nog dat hij met een of ander wijf in zijn rijlesauto een enorme frontale botsing heeft gehad. Heeft ie een jaar lang thuis moeten revalideren. Mijn moeder wist natuurlijk dat hij met dat wijf aan de slag was, in die auto. Hartstikke dronken ook. Hij was rijinstructeur, maar dan wel eentje met een slok op. Ik heb weleens lessen moeten overnemen omdat hij dronken in z'n bed lag.

Ik reed al vanaf mijn veertiende. Ik was vrij groot en mijn pa was een rouwdouwer. "Ah joh, dat kun je wel, kom op, je bent toch een vent?" Ik reed dus al heel jong auto. Fantastisch, ik vond het bloedmooi.

Mijn vader had ooit een vakantie gepland, maar was

vergeten dat mijn tante nog examen moest doen. Hij zei: "Luister, je ziet er heel groot uit, je bent gewoon een nieuwe instructeur van mijn rijschool en jij gaat met je tante naar het CBR."

We hadden een witte Volkswagen Golf, met zo'n L-bord dat je erop vast moest schroeven.

Mijn tante was al zeven keer gezakt. Tante Coby, ze leeft nog, die schat.

Mijn tante vroeg: "Waar is je vader?"

Ik zei: "Die is gisteren op vakantie gegaan. Maar tante, het komt goed." Ik heb haar keurig netjes aanwijzingen gegeven.

Tante Coby zei: "Je kan het prima, Gordon."

Maar zij niet. Tante Coby kon écht niet rijden. We kwamen uiteindelijk bij het CBR, ik controleerde die auto nog even, liep eromheen en zij reed weg met de examinator.

Na vijf minuten kwamen ze terug. Zonder dat L-bord. Had ik er niet goed opgedraaid en het was eraf gelazerd op de snelweg. Ze was ook nog gezakt, dat arme mens.

Dat soort dingen gebeurden bij ons thuis. Zo was mijn jeugd. Ik heb heel veel problemen met mijn vader meegemaakt, maar ik begreep hem uiteindelijk wel. Drank was zijn uitweg, zijn manier om te vergeten.'

II.

Joop en Marie Heuckeroth waren van de oude stempel, ook als het op werk aankwam.

'Als je twaalf of dertien was, hoefde je niet meer naar school. "Kom maar lekker werken op de markt." Belachelijk natuurlijk, want waarom geef je je kinderen geen opleiding? Dat heb ik mijn vader en moeder kwalijk genomen. Ik vind het sneu dat mijn broertjes en zusjes nooit de kans hebben gekregen om een opleiding af te maken. Geen van allen. Ik ben de enige. Maar ook dat ging niet vanzelf. Het werd niet gestimuleerd vanuit thuis.

Heel ellendig, want ik was ontzettend leergierig. Toen ik tien was bestelde ik een cursus Spaans, met zo'n lingofoon. Vijfendertig gulden, zelf gespaard, zelf gekocht. Spaans, geen idee waarom. Vond ik een mooie taal. Ik weet het nog als de dag van gisteren. *Primera lección. Estamos en el aeropuerto de Madrid.*

Uiteindelijk mocht ik toch naar de Handelsschool. Op de Meester Treublaan, in Oost. Ik kreeg er steevast tienen. Ik moest etalages inrichten, dat soort werk. Ik heb nog les gehad van de ouwe Gullit, de vader van Ruud. Leuke man. Die zei ook al: "Jij bent zo creatief, jij hebt zoveel in je, daar moet je wat mee doen."

Maar na twee jaar hielden mijn ouders me thuis. Ik

moest helpen, aan het werk. Er was geen leerplicht toen, dus als je thuis wilde zijn, bleef je gewoon thuis. Dat duurde een jaar. Totdat mijn schoonzusje Margreet, de eerste vrouw van mijn broer John, zei: "Lieverd, ga nou niet dezelfde weg op, je bent zo slim, jij bent iemand die z'n school af kan maken."

Ik dacht: je hebt gelijk, ik moet iets afmaken, iets doen. Maar die hele detailhandel, dat trok ik niet. Ik zag mezelf niet de hele dag etalages maken. Leuk, voor een week, maar ik wilde iets doen waarin ik m'n ei kwijt kon.

Mijn schoonzus zei: "Waarom ga je dan niet de horeca in." Dat leek me eigenlijk wel leuk. Gastheer spelen, mensen welkom heten, uitserveren.

Dus ging ik na dat jaar thuis weer naar school. De lts op de Meeuwenlaan, de horecaopleiding. Een ontzettend leuke tijd, drie jaar lang. Leren bakken, koken, serveren. Ik merkte wel dat mijn hart toch echt bij het gastheerschap lag. Dat koken vond ik minder. Banketbakken vond ik helemaal verschrikkelijk, ondanks dat ik het figuur van een banketbakker heb.

Ik heb stagegelopen bij hotel Dikker & Thijs op de Prinsengracht in Amsterdam. Dat heeft een paar maanden geduurd. Daarna heb ik nog bij een of ander cateringbedrijf gewerkt. Uiteindelijk haalde ik mijn diploma. Op mavo D-niveau met mooie cijfers; achten, negens.

Ik was daar heel erg blij mee, maar had nog niet echt een idee wat ik nou wilde doen, later, als ik groot was. Ik heb zelfs nog een tijdje agent willen worden. Leek me ook een prachtig beroep. Ik heb ook gesolliciteerd bij de politieacademie en kwam door die hele selectie heen, maar op dat moment brak ik door als zanger.'

Rond diezelfde periode zorgde iets anders voor nóg meer moeilijkheden thuis. Gordon kwam uit de kast.

'Ik was achttien. Ze wisten het al veel langer, thuis, dat wel. Ze zagen mij als jochie dag en nacht met Marijn, een vriendje van me, een bloedmooi jongetje. We deden samen die opleiding voor kok/kelner.

Marijn was een kakker, hij kwam uit Broek in Waterland, zijn moeder was er wethouder. Ik was maar een jongen van de markt, maar we waren onafscheidelijk. Marijn was een schoolkameraadje, maar eigenlijk was hij veel meer dan dat.

Ik had een videorecorder op mijn kamer. Gingen we heel stiekem pornofilms kijken. Samen masturberen. Mocht ik aan zijn piemel zitten. Dat vond ik zó geil.

Ik was gek op die jongen, niet normaal, ik was helemaal verliefd, maar ik kon dat niet zeggen. Hij wist het wel, natuurlijk, en hij vond het ook prachtig, maar het was een stil verbond.

Hij was eigenlijk gewoon mijn eerste echte vriendje. Iedereen wist: Gordon en Marijn zijn samen. Wij waren zo gek op elkaar, we hebben zo vreselijk gelachen samen. En wat was hij knap... Ik was gebiologeerd door zijn uiterlijk. Zwarte, lange haren, prachtig lijf, pik van hier tot Herejezusveen, godverdomme zeg, wat een god was het. Marijn, ja, dat is wel mijn eerste liefde geweest.

Maar mijn ouders haatten hem. Die hadden wel iets door natuurlijk. Hij sliep heel veel bij me, en ze hadden ons op een gegeven moment betrapt. We lagen samen in bed. Dat vonden ze maar raar. Marijn zelf wilde ook niet dat het naar buiten kwam, hij was *straight*.

Uiteindelijk hebben mijn ouders hem gedoogd. Hij

was zelfs bij het vijfendertigjarige huwelijksjubileum van mijn ouders.'

'Mijn oudste zus, Marja, heeft het uiteindelijk tegen mijn ouders gezegd. De hoorn van de telefoon lag niet goed op de haak. Dat zag ik, dus ik pak die hoorn op en ik hoor mijn zus tegen iemand praten: "Ja, ik heb net tegen mama gezegd dat Gordon waarschijnlijk homo is. Dat ze dat moet accepteren."

Ik heb de hoorn erop gelegd en probeerde Marja direct terug te bellen. In gesprek natuurlijk. Ik bleef het proberen, tientallen keren. Ik ken dat telefoonnummer nog steeds uit mijn hoofd.

Uiteindelijk kreeg ik haar aan de lijn. Ik vertelde dat ik haar gesprek had opgevangen. Ik zei: "Wat denk je wel niet? Ik ben helemaal geen homo."

Marja zei: "Als je het niet bent, is dat prima, maar wij dachten allemaal dat het wel zo was."

Een paar dagen later heb ik het toch maar tegen mijn ouders gezegd. Wat moest ik anders? Ik kwam van de trap af naar beneden en bleef staan. Mijn vader en moeder zaten op de bank.

"Ik moet jullie wat zeggen."

Ze keken me alle twee aan, net als in een film, dat gevoel.

"Ik denk dat ik op mannen val."

"Ach," zei mijn moeder, "sodemieter op hoor, gatverdamme. Het is vast een bevlieging."

Mijn vader zei: "Als je maar niet ziek wordt, jongen, wees voorzichtig. Geen vieze aids krijgen."

Ze vonden het verschrikkelijk, vooral mijn moeder. Ik

woonde inmiddels alleen met mijn ouders, de rest was al uit huis. Die situatie werd onhoudbaar, ook omdat ik ze niet alleen met mijn homoseksualiteit had geconfronteerd, maar ook met het feit dat ik was misbruikt. Daar wilden ze niet aan. Ze wilden het niet geloven.

Er kwam steeds meer ruzie. Mijn vader dronk nog meer dan anders. Ik moest daar weg.'

'Uiteindelijk verhuisde ik. Ik vond een huisje aan de Motorwal, ook in Noord. Ik richtte het mooi in, van mijn zelf bij elkaar verdiende centen. Ik had het toen best goed voor elkaar. Ik had even geen contact meer met mijn ouders, ik zat op school, had een bijbaantje, het was prima zo.

Twee weken nadat ik daar was ingetrokken, werd ik opgebeld door de oude buurvrouw van de Weegbreestraat. Halftwee, midden in de nacht.

"Gordon, het huis van je ouders staat in brand, ze zijn nog binnen. Je moet komen."

Hoe slecht het contact ook was: ik stond daar binnen vijf minuten voor de deur. Op het moment dat ik daar aankwam, zag ik ze zo allebei uit het raam springen. Ze hadden alleen ondergoed aan.

Het is later weer opgebouwd, maar het huis is die nacht helemaal afgebrand. Als ik daar nog had gewoond, had ik het niet overleefd, want de brand ontstond voor in het huis. Zij sliepen achter, ik voor. Ik was hartstikke dood geweest.'

'Mijn vader was klusjesman, vond hij zelf. Maar dan wel zo eentje die geen enkele klus afmaakt. Hij deed alles zelf, dat wel, maar hij maakte nooit iets af. Hij had de koelkast in verbinding gezet met de centrale verwarming, met twee kroonsteentjes. Kon wel, vond hij, stroom was toch gewoon stroom? Dat gaf natuurlijk kortsluiting. Zo ontstond die brand. De brandweer kwam er later ook nog achter dat hij een breinaald in de gasmeter had gestoken. Zodat die meter stil bleef staan. Dat geloof je toch niet? Ergens moet ik daar vreselijk om gieren.

Ze hebben uiteindelijk toch geld teruggekregen van de verzekering. Veel geld, iets van honderdduizend gulden. Omdat niet aantoonbaar was wat nou precies de oorzaak was. Daar hebben ze onwijs geluk mee gehad. En die breinaald in de gasmeter, dat was geen reden voor brand. Dat was gewoon fraude. Hebben ze nog wel een boete voor gekregen.'

Na de brand brak een iets rustiger periode aan. Althans, zo leek het. 'Ik bleef wel worstelen met het feit dat mijn ouders me niet accepteerden zoals ik was. Dat vond ik verschrikkelijk. Net zoals ik het heel erg vond dat ze me niet geloofden toen ik ze confronteerde met het misbruik. Dat vond ik zó erg. Hoe kun je dat nou niet aannemen van je kind?

Ik werd er gek van.

Zo gek dat ik na driekwart jaar op mezelf gewoond te hebben dacht: ik stap eruit.

Ik had nog nooit gedronken, maar ik haalde drank en nam alle pillen die ik in huis had tegelijk in. Ik wilde dood.

Als je ouders je niet geloven en je moeder je vertelt dat

ze liever een kussen op je gezicht had gedrukt als ze had geweten dat ik homo was... Dat heeft ze letterlijk gezegd.

Ik dacht: als dit de rest van mijn leven moet zijn... Ik wilde echt dood.

Mijn broer John heeft me gevonden. Ik weet niet meer hoe het precies is gegaan, waarom juist hij me heeft gevonden. We hadden in de weken ervoor toevallig wat meer contact en hij maakte zich zorgen om me. In ieder geval was hij degene die me vond, die me wakker schudde en de hulpdiensten belde.

Ik werd met de ambulance afgevoerd. Mijn maag werd leeggepompt, het was kantje boord. Volledige paniek in de familie, natuurlijk.

Ik denk dat het een schreeuw om aandacht was, als ik heel eerlijk ben, maar zo voelde het toen niet. Ik wilde er echt uit stappen.'

III.

Hoewel de relatie met zijn ouders dus alleszins getroebleerd was, is Gordon voor hun dood met beiden in het reine gekomen. 'Ik heb alle ins en outs nooit precies geweten, daar werd niet over gepraat, maar het is oké zo. Ik heb tegen beide ouders gezegd: "Het is goed zo." Mijn vader is vijfenzestig geworden. Longkanker had ie. In de weken voor zijn dood hadden we leuke, goede gesprekken. Hij was al wel heel ziek, hoor, toen. Ik zie hem nog liggen op de bank, met die grote dikke buik van hem. Had ie gekregen omdat hij zich niet meer aan zijn dieet hield – hij had ook diabetes, net als ik.

Hij had er geen zin meer in, zei hij. Ook omdat hij door die ziekte was aangetast in zijn mannelijkheid. Hij kreeg 'm niet meer overeind. Voor iemand die zo seksueel gedreven was als hij, was dat een ramp. Dat hebben we allemaal, trouwens. Al mijn broers en zussen hebben volgens mij een enorme seksdrive. Maar dat was dus niks meer bij hem. En dat was geen leven, vond hij.

Gelukkig hadden we dus nog die prachtige gesprekken. Hij zei ook dat hij een mooi leven had gehad. "Maak je over mij niet druk, jongen." Ik heb het idee dat hij veel geluk heeft gehaald uit zijn kinderen.

Zijn dood was een enorme klap. Zo heftig. Hij was

ziek, maar hij ging toch nog onverwacht. Ik was pas negenentwintig.

Ik herken zoveel van hem in mezelf. Zijn ondernemerschap, zijn humor. Ik lijk ook erg op hem. Als ik foto's van vroeger zie, schrik ik daarvan.'

'Mijn moeder heeft het langer volgehouden. Op haar achtenzeventigste zijn we naar de dokter gegaan. Ze was al een tijdje aan het kwakkelen. We werden direct doorgestuurd naar het Onze Lieve Vrouwe Gasthuis in Amsterdam-Oost.

"Mevrouw Heuckeroth," zei de dokter. "U heeft een aneurysma van twaalf centimeter breed. Die hoort vijfenhalf te zijn. Hij staat op springen. We kunnen u niet meer opereren, want u heeft diabetes en op uw leeftijd is een operatie vrijwel kansloos. U heeft eigenlijk nog anderhalf jaar te leven."

Godverdomme. Ze was helemaal van slag. Ik ook.

"Ik wil helemaal nog niet dood. Ik vind het nog zo gezellig."

"Nou, dat is niet te merken met al dat geklaag en gezeik van je," zei ik.

Ze is toen een paar dagen heel stil geweest. Dit kwam heel hard aan.

Het is ook heel eng, het idee dat je weet dat je elk moment dood kan gaan. Ze heeft het precies anderhalf jaar volgehouden. Exact wat de dokter zei.

Ze heeft gelukkig nog veel genoten. Dat zei ik ook tegen haar: we halen eruit wat erin zit. Ik heb haar zo laten genieten, haar alles gegeven wat ze wilde. Nieuwe meubels, een nieuwe auto, een nieuwe televisie, alles.

"Mam, zeg wat je nodig hebt en je krijgt het." Dat deed ik altijd al.

Toen ze vijfenzeventig werd, heb ik een familiebijeenkomst georganiseerd. Dat was namelijk haar grootste verdriet: dat wij als kinderen niet met elkaar overweg konden. Dus deed ik maar weer eens een poging om de boel bij elkaar te krijgen.

Ze werd vijfenzeventig en ik wilde haar een fantastisch feest geven. Ik heb zelfs Frans Bauer opgebeld. "Frans, mijn moeder vindt jou enig, zou jij voor haar willen optreden?"

"Natuurlijk," zei Frans, "dat doe ik." Daar ben ik hem eeuwig dankbaar voor.

Op dat feest vroeg ik aan mijn moeder wat ze het allerliefst nog eens zou doen. Zegt ze: "Naar Las Vegas." Jezus christus, Las Vegas, nooit geweten dat ze dat wilde. Maar ik heb dat onthouden en op een middag kwam ik bij haar. Vroeg ze waarom ik zo moest lachen. Ik vertelde haar dat we de volgende dag wat leuks gingen doen. Zie je het voor je, met je moeder naar Las Vegas, op haar vijfenzeventigste? Hilarisch.

Ik had negen tickets gekocht. Voor mijn toenmalige vriend, mijn schoonmoeder Marion, voor mijn zussen Lydia, Monique, en Marja, voor haar beste vriendin Beppie, voor Tineke de Nooij, mijn bonusmoeder, en voor mijn moeder en mij – met mijn zussen Tineke en Joke had ik op dat moment geen contact.

Daar gingen we, mijn vriend en ik, met die zeven wijven. Businessclass natuurlijk, allemaal. In Las Vegas had ik vier suites gehuurd, aan elkaar vast, op de bovenste verdieping van het Belagio. Ik had ze allemaal een envelop gegeven met duizend dollar – dat was na een dag op, natuurlijk. Maar ik had geld – dat heb ik nog steeds, gelukkig – dus ik kon alles doen wat ik wilde. Dit was de grootste wens van mijn moeder, dus waarom niet.

Het was een onvergetelijke week. De eerste nacht was ik haar al kwijt. Zat ze beneden aan de gokkast. We hadden echt overal gezocht. We zijn naar Céline Dion geweest. "Kolere," zei mijn moeder, "wat zingt dat wijf hoog." Ik nam ze mee naar *O* van Cirque du Soleil, de prachtigste show op aarde: viel ze in slaap door die "klerejetlag". We zijn met een helikopter naar de Grand Canyon geweest: "Jezus, wat is het bloedheet in dat ding." Ik had limo's gehuurd, we deden alles.

Ik ben zo blij dat ik het gedaan heb.

Ondanks haar geklaag, zei ze later wel dat het het mooiste was wat ze ooit had meegemaakt.

Heerlijk om te doen, dat was het. Ik hoef daar geen lintje voor, geen pluim, niks, maar ik weet wel dat ik doodgoed ben geweest voor mijn moeder. Ondanks wat ze allemaal over me gezegd heeft en hoe ze over me dacht, soms.

Ze is het altijd verschrikkelijk blijven vinden, mijn homoseksualiteit, maar uiteindelijk begreep ze dat ik er niks aan kon doen. "Wij hebben je gemaakt," zei ze, "en als dit is wie jij bent, dan is het onze schuld."'

'Ze hebben ook zo vreselijk veel gerookt allebei. Ik denk dat al mijn chronische aandoeningen zijn ontstaan doordat mijn moeder heeft doorgerookt tijdens haar zwangerschap. Ik weet dat zeker.

Ik heb ze vervloekt met hun gerook. Iedereen moet

lekker doen wat hij wil, maar ik ben ontzettend tegen roken. Ik vind het zo erg, het is de grootste ergernis in onze maatschappij.

Ze hebben ook allebei longkanker gehad. Tegelijkertijd. Mijn vader is daar niet van hersteld, hij is eraan overleden, mijn moeder heeft het gered.

Ze zijn uiteindelijk allebei overleden aan een aneurysma van de aorta. In één klap dood. Mijn broers, zussen en ik moeten dat ook regelmatig laten controleren, het is erfelijk. Maar ik teken ervoor: in één klap weg.'

'Op maandagochtend werd ik gebeld. 11 oktober 2010 om halfnegen. Door mijn zusje Joke, met wie ik eigenlijk geen contact had.

Ze zei: "Gordon, mama is dood."

Ook goedemorgen.

Ik had van iedereen willen horen dat mijn moeder dood was, maar niet van haar. Waarom in godsnaam? Ik sprak haar nooit, ik zag haar nooit.

Maar goed, maakt niet uit van wie je het hoort, want je wereld stort in. Ik ben in mijn auto gesprongen, met tweehonderd kilometer per uur naar haar huis gereden. Geen idee waarom dat zo snel moest, want ze was al dood, maar ik wilde bij haar zijn. Ze was alleen, weet je wel, ze woonde ook alleen. Na die brand in het huis aan de Weegbreestraat zijn mijn vader en moeder verhuisd naar de Dwergvinvisstraat, in een destijds nieuwe wijk tussen Zaandam en Amsterdam-Noord. Daar hebben ze allebei tot hun dood gewoond. Als we ooit begonnen over een bejaardentehuis was het huis te klein. Daar moesten we niet mee aankomen.'

'Ik had mijn moeder de avond voor haar dood nog gesproken en een paar dagen ervoor was ik nog bij haar geweest, samen met mijn toenmalige vriend. Ze was dol op die jongen. Ze maakte zich altijd zorgen over de vriendjes die ik had, ze vond ze vreselijk. Allemaal uitvreters vond ze het, maar deze was goed.

Ik zag de dood al op haar gezicht, toen. Ik zei: "Mam, wat zie je eruit."

Ze zat in d'r pyjama, wilde niks meer.

Ik zei: "Kom op schat, we gaan er even lekker uit."

Nee, nee, wilde ze niet, ze voelde zich niet lekker. Ik heb haar nog één keer heel stevig vastgepakt. Alsof ik het voelde.

"Ik hou van je," zei ik tegen haar.'

'Ik belde haar vijf keer per dag. Altijd.

's Ochtends: "Mam, hoe is het?"

Ma: "Kut."

Ik: "Goed, schat, dan hebben we dat weer gehad."

Dat mis ik zo erg. Verschrikkelijk.'

'Ze lag op bed toen ik aankwam. Mijn broer John had haar gevonden en op bed neergelegd. Haar ogen waren nog open, die heb ik dichtgedaan. Daarna ben ik naast haar gaan liggen. Ze was nog best wel warm, ze was net anderhalf uur dood. Zo heftig. Zoveel tranen.

Ik wilde dat ze thuis zou worden opgebaard. Mijn moeder mocht niet zo'n la in, daar had ik geen zin in. Dus brachten ze zo'n koelapparaat. We hebben alles zelf geregeld. Haar gebit was uit, dus dat moest er op een gegeven moment in, maar die kaken werden al stijf. De mensen van de begrafenisonderneming zeiden dat ik beter even weg kon gaan, maar ik wilde overal bij zijn. Ik wilde niet dat ze mijn moeder pijn zouden doen, begrijp je? Het was een vreselijk gezicht.'

'Alle broers en zussen waren er. Daarvoor hadden John en ik de verzekeringspapieren opgezocht en vonden we haar dagboeken. Ze had een groen dagboekje en een rood. Ze had altijd tegen ons gezegd dat er in dat rode boekje minder leuke dingen stonden. Maar wel dingen waarvan ze vond dat wij ze moesten weten. En we vonden haar portemonnee. Daar zat honderdvijftig euro in. Ergens anders vonden we in een kaart nog eens honderd euro. We deden alles bij elkaar en legden het in haar kast.

Uiteindelijk was iedereen er. Allemaal huilen.

Na een tijdje zie ik mijn zusters allemaal rond die kast van mijn moeder rommelen. Ik vroeg ze wat ze aan het doen waren. Nou, ze wilden dat mama d'r kleren netjes verdeeld zouden worden. Toen al! Dat mens was net drie uur dood…

Weer wat later, toen het een beetje was ingedaald, bespraken we met zijn allen hoe we het zouden gaan doen. We hadden het gelukkig al met haar besproken, ooit, hoe ze het wilde, het was netjes opgeschreven. Ze wilde naar de begraafplaats gebracht worden in een witte koets met paarden, dat soort dingen. Ze was veel te laag verzekerd, dat gebeurde toen in die tijd. Daar mocht ik natuurlijk voor opdraven.

Nog iets later die dag pakte een van mijn zusjes mijn moeders portemonnee en vroeg: "Had mama nog geld?"

Ik vertelde dat John en ik tweehonderdvijftig euro in

die portemonnee hadden gedaan. Die was weg. Er zat niks meer in. Ik zweer het.

Er is dus tweehonderdvijftig euro uit die portemonnee gehaald. Dat kun je je toch niet voorstellen. Hoe *nasty* kun je zijn?

Ik heb letterlijk gezegd, hardop: degene die hiervoor verantwoordelijk is, die mag branden in de hel. Serieus. En diegene heeft dat dus gehoord. Die was daarbij.

Ik weet tot op de dag van vandaag niet wie dat gedaan heeft, maar ik denk wel te weten wie het rode dagboekje meegenomen heeft, want dat is gek genoeg nooit meer teruggevonden. Monique is altijd hard geweest, dat was ze vroeger al. Ons gezamenlijk vermoeden is dus dat zij het was, dat secreet. Erg, hè, eigenlijk. Maar bewijs het maar eens.

Mijn moeder heeft altijd gezegd dat er veel dingen zijn gebeurd in haar leven, dat ze veel daarvan heeft opgeschreven. Ze vertelde me onder andere dat Monique altijd zo gemeen tegen haar was en dat ze haar moeder nooit opzocht. Onbegrijpelijk dat zij zo was tegen mijn moeder. Zij heeft gebroken met de hele familie. Dat kwam met name door haar huidige man, maar het was altijd al gedoe; dan weer goed, dan weer problemen. Dat sterkt ons in het idee dat zij het rode boekje waarschijnlijk heeft meegenomen, ook al kunnen we niks bewijzen. Niet dat er nou heel grote geheimen in hebben gestaan, denk ik, maar er werd wel omschreven wat Monique deed bij mijn moeder. En Monique was natuurlijk als de dood dat dat uit zou komen. Dat andere boekje hebben we wel gevonden, maar het ging natuurlijk om dat rode boekje. En ze heeft vervolgens niet voor niets gebroken met de hele familie, van de ene op de andere dag. Na mijn moeders dood wilde ze niet meer met ons praten. Met niemand meer. Het blijft natuurlijk gissen, maar het zegt eigenlijk wel genoeg.

Ik heb al mijn broers en zussen na mijn moeders dood nog een kaarsenstandaard met een hologram van mijn moeder erin gestuurd. Met een brief erbij: 'Papa en mama zijn nu allebei dood, laten wij in godsnaam proberen met zijn allen de familie in ere te houden. We hoeven de deur niet bij elkaar plat te lopen, maar we zijn toch broers en zussen, ik hou van jullie.'

Toch verbrak Monique al het contact. Daar was iedereen verbijsterd over. Wij zeggen nu allemaal: het komt waarschijnlijk omdat zij dat boekje heeft, omdat zij heeft gelezen wat mama over haar gezegd heeft. Ze heeft een verbitterd leven, denk ik. Er zit daar zoveel wrok naar ons toe en ik blijf dat gek vinden. Bloed is toch dikker dan water?

Ook voor mijn moeders dood was het contact tussen die twee al miniem. Ik snap dat niet. Waarom doe je dat? Waarom kom je niet meer bij je moeder over de vloer? Ik kan dat niet begrijpen. Net zoals André Hazes junior dat destijds had met zijn moeder. Daar moet ik veel aan denken, de laatste tijd.

Wat moet een moeder hebben gedaan om haar kind zover te krijgen dat hij helemaal niet meer langskomt? Ze vindt je vriendin niet leuk, oké, is dat een reden om je moeder te verloochenen? Ik vind dat geen reden. Het blijft altijd je moeder. Mijn moeder heeft de meest vreselijke dingen over me gezegd, ik heb een jaar niet met haar gesproken, maar daarna moet het toch afgelopen zijn. Je kunt niet kwaad blijven.

Het dubbele is dat ik haar verschrikkelijk mis, Monique, mijn jongste zusje. Ik was laatst bij mijn broer in Almere en die woont zes huizen bij haar vandaan. Ze zien elkaar nooit. Ze ontlopen elkaar. Hoe kan zoiets nou? Ik was in staat om aan te bellen. Het lijkt me zo leuk om elkaar weer terug te zien.

Ik heb nooit geweten wat er precies aan de hand was tussen die twee. Mijn moeder sprak er ook nooit over. Gezeik over geld, gok ik, dat zal het wel zijn. Dat is altijd het probleem geweest. Geld. Altijd weer geld. Het contact met mijn broers en zussen verslechterde eigenlijk op het moment dat ik bekend werd. Ik werd zo beroemd, ineens, dat was onwerkelijk. Ook voor hen. Er was jaloezie. Alle aandacht ging ineens naar mij. Voor die tijd gingen ze mee naar optredens, naar talentenjachten, ze moedigden me aan. Ik had gehoopt dat ze trots op me zouden zijn toen het me gelukt was, maar ze werden denk ik jaloers, ze wilden meepikken van het succes, ze dachten zeker dat ik hen zou onderhouden, want het kleine broertje was ineens rijk. Maar zo werkt het niet. En daar ging het fout. Alle aandacht ging naar mij en iedereen kreeg ineens ruzie met elkaar. Naar mijn idee is de familie daardoor uit elkaar gevallen. Door mijn succes is onze band verslechterd. Dat weet ik eigenlijk wel zeker. In ieder geval zijn alle verhoudingen er helemaal anders door geworden.'

De relatie met zijn broers en zussen blijft wankel. Er zijn ups, maar veel meer downs. 'Ik blijf het proberen. Ondanks alles. Tegen beter weten in. Mijn broer John heeft vorig jaar een rijwielhandel geopend, bij mij in het dorp, in Blaricum. Bromsnor heet die. Ik heb hem daarvoor geld geleend, zoals ik hem eerder geld heb geleend. Ik heb er nog geen stuiver van teruggezien. Sterker: John heeft me ooit keihard genaaid. Voor anderhalve ton. Hij heeft zelfs een advocaat in de arm genomen om dat geld te behouden. Ik heb de stukken nog. Een advocaat, bij zijn eigen broer! Weet je wat mijn moeder destijds zei: "Ach jongen, wat maak je je druk, je hebt toch geld zat?" Ze vergoelijkte het gewoon.

Na haar dood heeft hij ook nog een ongeluk veroorzaakt met mijn moeders auto. Ze had een Smart, zo'n klein autootje. Die had ik voor haar gekocht, destijds. John zat in die tijd ook weer aan de grond. Hij had niks, ook geen auto. Die Smart stond er gewoon, dus ik zei: "Rijd daar dan maar even in, zolang je nog niks hebt, totdat je weer op je poten staat."

"Duizendmaal dank," zei John. God wat was hij blij.

Een paar weken later stond de politie bij mij op de stoep. Ik stond een album in te zingen in de studio. Of ik de eigenaar was van die en die Smart. En of ik mee wilde komen naar het bureau, want ik had een ongeluk veroorzaakt met die wagen en was vervolgens doorgereden. Ik kon het uitleggen, natuurlijk, dat die auto van mijn moeder was geweest en dat ik hem had uitgeleend aan mijn broer. Ik zie de politie nog meeschrijven. Godverdegodver. Als ik het vertel krijg ik weer een dikke strot. Hoe kun je zoiets doen? En het ook nog verzwijgen… Als hij me nou opgebeld had, midden in de nacht, als hij had verteld dat hij een ongeluk had veroorzaakt, dan had ik hem gewoon geholpen. Nee, ik werd gewoon bijna gearresteerd.

Ik ben geen barmhartige samaritaan, hoor, ik ben ook echt geen heilige, maar ik weet wel wat de kunst van het vergeven is. Elke keer doe ik het weer. Ik weet niet waarom. Omdat ik mezelf dan misschien beter voel.

Ik weet niet of dit soort dingen aan onze opvoeding ligt, maar ik weet wel dat we het allerslechtste voorbeeld ooit hadden. Dus dat zal er zeker aan bijgedragen hebben. Maar daar hebben we nu niks meer aan.'

DE ENTERTAINER

I.

'Het is meer dan dertig jaar geleden dat dit jongetje uit Amsterdam-Noord de stoute schoenen aantrok,' zegt Gordon terwijl hij twee hamburgers in de koekenpan laat glijden. Hij zal ze een paar minuten daarna op witte bolletjes leggen, samen met een paar plakjes augurk, tomaat en wat gebakken uienringen. 'En, kijk eens hier, schat, wat truffelmayonaise erbij.'

Dat 'schat' is erin geslopen, zal hij later uitleggen. Connie Breukhoven zei het altijd, Gordon vond dat grappig en nam het over. Sinds die tijd is het schat voor en schat na.

We zitten in de riante keuken van zijn minstens zo riante Blaricumse villa. Een fors deel van de keukenvloer is van glas en biedt uitzicht op Het Binnenzwembad. Met twee hoofdletters, ja, want het is een legendarische plek. Iedereen die ooit op een feestje van Gordon was – en er zijn heel veel feestjes geweest – weet dat die vaak eindigden in dat zwembad. De vaste grap: je kunt er als vrouw niet in zwemmen zonder zwanger te raken, zo kwistig is er daar beneden met zaad gestrooid.

Maar dat is een ander hoofdstuk. Vandaag wordt er niet gezwommen. Vandaag eten we een hamburger en praten we over het vak. Zijn vak.

Terwijl Gordon de hamburgers voor ons neerzet, schiet hij in de lach. 'Ik herinner me ineens dat ik aan het begin van mijn carrière het gevoel had dat ik een achternaam nodig had, een artiestennaam. Alleen Gordon, dat leek me niet genoeg. Dus werd het Gordon Williams. Willem is mijn tweede naam, vandaar. Zo heeft wijlen Dick Passchier me ooit nog op televisie aangekondigd: "Hier is ie, dames en heren, Gordon Williams!" Het heeft niet lang geduurd, hoor, die achternaam.'

Nog een weetje, zegt hij, tussen de gretige happen door, is dat zijn zus Marja in dat prille begin zijn management wilde doen. 'Ze had het helemaal bekeken, het leek haar een harstikke goed plan, maar dat hebben we uiteindelijk toch maar niet gedaan. Met je familie moet je wandelen, niet handelen.'

De deur naar de prachtige en perfect onderhouden tuin staat open – 'een tuinman hoor, ik heb niks met tuinen'. Je hoort wat vogels, het geruis van de grote palmen, dennen en hortensia's, verder niks; een van de vele voordelen van een kapitale villa in een van Nederlands duurste dorpen. De locatie, het smaakvol ingerichte huis, de zen-achtige tuin, ze staan in schril contrast met de Gordon die we kennen. De jongensachtige bravoure, de grote bek, de grove grappen, daar is hier geen ruimte voor, die zijn hier niet nodig. Behalve tijdens die legendarische feesten, natuurlijk, maar over het algemeen staat Gordon thuis 'uit'.

Hij blijft ad rem, maakt nog steeds harde grappen, maar hij zit hier op tien procent van het televisiepersonage. Thuis is er ruimte voor rust, voor zelfreflectie. Thuis kan er gehuild worden, zoals regelmatig gebeurt tijdens onze gesprekken.

Thuis is het veilig. Thuis is Gordon dat jongetje uit Amsterdam-Noord, dat ventje dat dertig jaar geleden de stoute schoenen aantrok.

'Ik zong altijd al wel, maar dat was nog niet echt serieus. Dat werd het wel toen ik de *Show van de Maand* zag, een televisieprogramma van de AVRO met Liesbeth List. Zij had Whitney Houston uitgenodigd. Die was net doorgebroken. Ze had één hit: "All at Once". Whitney zong daar samen met Liesbeth en ik vond dat zo onwaarschijnlijk goed, dat ik dacht: dat wil ik ook. Ik wil kunnen wat die vrouw kan. Het was 1985, ik was zeventien en ik wist dat ik van zingen mijn beroep wilde gaan maken.'

Maar ook voor 1985 lokte de wereld van de glitter al: 'Ze noemden me thuis de wandelende *TrosKompas*. Ik wist alles van televisie. Ik was sowieso heel irritant, want ik was eigenlijk een hyperintelligent kind. Ik wist alles. Ik las ook kranten. Welk kind doet dat op z'n tiende? Mijn vader kreeg elke dag *De Telegraaf* en als hij daar klaar mee was, las ik die krant. Prachtig, al die verhalen. Ik denk dat ik zo, autodidactisch, mijn persoonlijke ontwikkeling heb bevorderd.

Op mijn twaalfde, dertiende ging ik naar het Media Park. In het publiek zitten bij de shows van Ted de Braak of met een van mijn zusjes naar *De Willem Ruis Lottoshow*. Ik knipte bonnetjes uit de krant of belde de studio, ik regelde overal kaartjes voor. Soms met een zusje, vaker alleen.

Mijn mooiste herinnering is dat ik alleen in Studio 6

zat. Harry Touw was publieksopwarmer en daarna kwam Ted de Braak met de *1-2-3-show*. Die hele wereld van glitter en glamour waar ik toen getuige van was... die wazige, mooie glitterwereld, de quizmaster, de camera's, de jongens die de kabels droegen; ik bekeek alles. Dit wilde ik ook! Het was nog heel iconisch toen, televisie.' Toch bleek muziek zijn grootste passie. Gordon wilde zingen. In 1986 deed hij mee aan *Star(t) 86*, een talentenjacht van de NCRV. 'Het Metropole Orkest erbij, Simone Kleinsma en Dick Bakker in de jury. Grote namen. Ik werd vierde, maar dat maakte me niet uit; ik had geproefd van dat wereldje. Ik zong mijn liedje en vanaf dat moment was ik verkocht. Ik zag dat rode lampje aangaan en ik wist: dit is het. Dit is wat ik wil.

In 1989 deed ik mee aan *Sterrenjacht*. Ik zong de sterren van de hemel. Werkelijk, kijk de banden maar terug. Helaas heb ik toen niet gewonnen. Het gerucht ging dat het doorgestoken kaart was, een van de deelnemers werd al vóór de finale als winnaar gepresenteerd in Amerika. De winnaar heeft zich een paar jaar na de overwinning trouwens op jammerlijke wijze doodgereden. Verschrikkelijk.

Daarna dacht ik: dit lukt dus niet, met dat zingen, maar ik moet wel geld verdienen. Ik ben weer op de markt gaan staan en heb gesolliciteerd bij de politieacademie. Leek me een prachtig vak. Ik wil bij mensen zijn, onder de mensen zijn, krankzinnige situaties meemaken.

Rond die tijd had ik een relatie met Ingrid Simons. Meer om mijn ouders tevreden te houden dan voor mezelf, want ik viel toch echt op jongens, maar het was evengoed geweldig met Ingrid. Zo'n lieve vrouw. Zij zong bovendien bij Jody Pijper en heeft me een beetje in de scene geholpen; ik mocht meezingen bij Jody. Mijn stem was in die tijd heel bijzonder, heel hoog, helder en hard. Je hoorde mij in die Jody's Singers overal bovenuit, wat eigenlijk niet mag, natuurlijk. Maar daardoor kreeg ik een gouden kans.

De Jody's Singers deden mee aan het allereerste Dam Diner, in een heel grote tent op de Dam in Amsterdam. Dat werd georganiseerd door ene Frank Wentink. Ik was een van de Jody's Singers en na ons zou een andere gozer optreden: Stanley Bovett. Die was net bekend geworden. Een soort van René Froger, maar dan heel ordinair. Hij kwam uit een woonwagenkamp, geloof ik. Hij zou "You're the Voice" van John Farnham zingen, maar hij werd op het allerlaatste moment ziek.

Dus kwam Frank Wentink naar me toe. Hij zei: "Jij moet vanavond 'You're the Voice' zingen. Dit is je kans."

Ik kende dat hele nummer niet.

Frank gaf me een cassettebandje en ik kreeg een uur de tijd.

Godverdomme.

Ik was gelukkig heel leergierig en ik heb een fotografisch geheugen, dus ik las die tekst, beluisterde de muziek en ondertussen dacht ik alleen maar: dit is mijn kans.

Daar stond ik dan, ineens, voor al die notabelen op de Dam. Volgens mij was er zelfs iemand van het koningshuis.

Het ging zo fucking vet. Frank was zo onder de indruk van mijn stem. Het was geweldig. Ook omdat het een periode was waarin mensen het echt konden waarderen als je goed kon zingen. Die gozer, die Stanley, is daarna volgens mij nooit meer gevraagd.'

'In 1990 deed ik mee aan het Nationale Songfestival. Maywood won, ik werd negende. Met "Ginny", een vreselijk nummer. Toch werd ik de dag erna gebeld door Ruud van Dulkenraad, A&R-manager van platenmaatschappij CNR. "Ik heb je gister gezien bij het Nationale Songfestival."

"Ben je verkeerd verbonden, Ruud? Ik ben negende geworden."

"Ja, maar je had wel de meeste uitstraling en de beste stem."

Heel aardig van die man. Ik mocht komen praten en ik kreeg direct een contract aangeboden. Ik kon mijn ogen en oren niet geloven: ik mocht drie singles maken. Mijn droom. In het Engels, want ik ben opgevoed met Babyface, Luther Vandross, Gladys Knight, The Pointer Sisters... Dat was mijn muziek, zwarte muziek. Ook al had ik niks met het geloof; ik zong gospel. Ik heb ook net zo lang Whitney Houston nagedaan tot ik dezelfde riffjes kon zingen. Dat was mijn bedoeling, dát wilde ik.

Dus mijn eerste singletje werd "I'm Never Gonna Stop Loving You". Op zich een heel erg leuk, goed nummer, geschreven door Peter van Asten, maar geen groot succes.

De tweede werd "There's a Whole Lot to Do". Met dat nummer ben ik naar Tineke de Nooij gegaan. Ik kende haar niet, maar zij was ontzettend populair door haar talkshow: *Tineke*. Ze keek me aan met een blik van: wie ben jij? Maar ik mocht het nummer laten horen en ze werd echt omvergeblazen door mijn stem. Alleen: ze vond het nummer kut, ze wilde een Nederlandse tekst.

Ik ben die nacht de studio in gegaan en de ochtend erna stond ik weer voor haar deur. Met hetzelfde nummer, maar dan in het Nederlands.

Tineke kon het niet geloven. Ze zei: 'Jij wilt zo graag, dat ga ik honoreren.'

Zodoende werd dat liedje gebruikt voor een nieuwe zender: RTL4. Er zat een videoclip bij die we op een boot in Volendam hadden opgenomen. Met een stel vreselijke kinderen om me heen. Dat nummer werd dag en nacht uitgezonden op die zender. Daardoor werd ik langzamerhand een beetje bekend.

Ruud van de platenmaatschappij was intussen ook wel een beetje klaar met die Engelse teksten en wilde dat de laatste single die ik voor hem mocht maken Nederlandstalig zou zijn.

Nu had ik tijdens dat Nationale Songfestival een heel knappe jongen ontmoet. Hij zong bij een groepje dat uiteindelijk zevende werd. Hij heette John Ewbank, die jongen. Nog steeds een mooie man, trouwens. Ik zat gewoon achter hem aan, wilde met hem aanpappen, maar dat had hij helemaal niet door. We werden uiteindelijk vriendjes.

John woonde in Zoetermeer, ik in Amsterdam-Noord, maar we zochten elkaar regelmatig op. We hebben nog weleens samen porno gekeken. Twee twintigers, samen trekken, bij John in zijn appartement. Hij had natuurlijk niet door dat ik op een afstandje alleen maar naar zijn pik zat te kijken. Fantastisch toch.

Op een gegeven moment had hij een liedje geschreven en daar had hij een demo van nodig. Hij had dat nummer geschreven voor zijn oma, die kort daarvoor was overleden. Eigenlijk zou Willeke Alberti het moeten gaan zingen, maar hij vroeg of ik die demo wilde maken. Dat nummer heette: "Kon ik nog maar even bij je zijn".

Wat er toen gebeurde, daar in dat kleine appartementje in Zoetermeer... dat was zo onwerkelijk.

John zei: "Dit moet jij doen, dit moet jij zingen."

Ik ben de volgende dag naar Ruud gegaan met dat demootje. Die is letterlijk van zijn stoel gevallen, zo mooi vond hij het. Hij wilde het onmiddellijk uitbrengen.

Tineke heeft het eerste exemplaar uitgereikt tijdens een heel groot feest. Ik werd met een limo voorgereden... Als ik daaraan terugdenk was het zo *obvious* dat ik die business in zou gaan. Ik kijk nog weleens naar foto's uit die tijd. Je ziet gewoon: die jongen gaat het maken.'

Toch werd 'Kon ik maar even bij je zijn' niet direct een hit. Het nummer veroverde het land beetje bij beetje. 'Ik mocht het komen zingen in de zaterdagmiddagshow van Tineke. De lijnen van RTL4 waren direct overbezet. "Wie is die jongen?" Mensen zaten huilend voor de televisie. De maandag erna draaide Frits Spits hem op de radio. Ik zat toevallig te luisteren met Belinda, een goede vriendin van me. We zaten in haar huisje op de Wagenaarstraat in Amsterdam-Oost. "Lieve mensen," zei Frits, "ik ga nu iets draaien... ik heb zaterdag naar *Tineke* gekeken. Misschien is het beter als u de auto even langs de kant van de weg zet, want dit is zo'n mooi liedje. Zo prachtig."

Dat zei hij, letterlijk. Ik dacht: het zal toch niet. Maar het gebeurde. Ik heb zitten huilen als een klein kind. Ik kon het niet geloven.'

Het duurde nog tot het eind van dat jaar, 1991, voordat het nummer de eerste plaats van de Top 40 bereikte. Daar bleef het wekenlang staan. 'Er zijn meer dan honderdduizend singles verkocht. Mensen konden me op een gegeven moment niet meer luchten of zien, zo vaak was het op de radio en tv.

Het was een waanzinnige periode. Ik had me stiekem weleens een voorstelling gemaakt van hoe het zou zijn, die roem, dat geld, de doorbraak. Maar het was vele malen intenser. Het was in die tijd nog iets unieks als je beroemd werd.

René Froger had in die periode net "Een eigen huis" uitgebracht, Joling was doorgebroken met "Crying" en dan had je mij. Ineens was ik een van die grote drie. Ik was tweeëntwintig. Dat was wat, hoor, voor een jongen uit Amsterdam-Noord, een jongen uit een gewoon arbeidersgezin. Ik werd ineens de nummer één van Nederland. Ik wist niet wat me overkwam. En er waren toen geen honderdduizenden talentenjachten, zoals nu, je moest echt iets kunnen.

Mijn familie dacht intussen alleen maar dat ik de Staatsloterij had gewonnen. Dat was natuurlijk ook zo. Ik verdiende zoveel geld, ineens, zo plotseling. En ik had niet eens een bankrekening. Ik geloof dat ik in die tijd tweeënhalfduizend gulden per optreden kreeg. Maal tweehonderd optredens per jaar.

Ik weet nog goed dat ik mijn eerste honderdduizend gulden had verdiend. Dat had ik allemaal thuis liggen, want optredens werden in die tijd contant afgerekend. Op een avond hebben mijn toenmalige vriend Patrick en ik het allemaal door de kamer gestrooid. De hele woonkamer vol met vijftigjes en honderdjes. Ik had gewoon een ton thuis liggen…'

II.

Met zoveel succes zou je zeggen: *don't change a winning team*. Dat liep anders. 'De samenwerking met John Ewbank was natuurlijk geweldig, maar hij wilde mij alleen produceren en verder geen liedjes meer voor me schrijven. Ik werkte daarvoor echter al samen met producer Peter van Asten en ik wilde hem niet aan de kant zetten. Peter hoorde bij het team, ik kon dat gewoon niet maken. Zo zag ik dat. Bovendien was John toen al bezig met Marco Borsato, met "Dromen zijn bedrog". Uiteindelijk heeft hij ons gewoon laten zitten, zo voelde het voor mij in ieder geval.

Daar ben ik inmiddels wel overheen, maar het was destijds wel een hard gelag, want de liedjes die John schreef waren prachtig en die gingen nu allemaal naar Borsato. Eigenlijk hadden dat mijn liedjes kunnen zijn, zo voelde dat tenminste. Ik heb hem daarna zeker tien jaar niet gesproken. Inmiddels wel weer, maar mondjesmaat. Er is toch ergens iets kapotgegaan.'

Terug naar de gloriedagen. Ewbank ging na de samenwerking met Gordon zijn eigen weg, had fenomenale successen met Marco Borsato, en Gordon dacht: ik moet het anders gaan aanpakken. Zo kwam hij via Peter van

Asten in contact met Tom Salisbury, een Amerikaanse producer.

'Toen John wegging was dat een aderlating, qua liedjes. Ik wist het even niet. Uiteindelijk dacht ik: ik moet doen waar ik me het meest bij thuis voel. Ik was altijd al van de Engelstalige muziek, van de gospel. Ik was al fan van Luther Vandross toen niemand in Nederland nog wist wat r&b was. Dat werd gewoon niet gewaardeerd. Ik ben naar Los Angeles gegaan om een album op te nemen met Tom Salisbury, *Now Is The Time*. The Waters Family deed zelfs mee, het koortje van Michael Jackson, je kent ze wel uit die documentaire *20 Feet From Stardom*. Het voelde als een droomwereld. Ik had ook echt het idee dat het kon: doorbreken in Amerika. Ja, natuurlijk, ik heb het geprobeerd, waarom niet? Het was echt een goede plaat en ik dacht: als ik in LA ga zitten kom ik in contact met mensen die me verder kunnen helpen, net als al die andere Nederlanders. En ik wilde ook aan Nederland laten horen wat ik nog meer kon. Maar het werd niet echt begrepen en gewaardeerd. Een nummer van die plaat is wel een grote hit geweest, "Miracle". Ook in Duitsland, omdat het de titelsong van *Traumhochzeit* werd, gepresenteerd door Linda de Mol. Een heel populair programma. Het is niet dat ik er helemaal geen succes mee had dus, met dat album. Ik verkocht er nog veertig- of vijftigduizend van, aantallen waar je nu alleen maar van kunt dromen.

Sowieso was de hele periode van 1993 tot 2000 geweldig. In die tijd heb ik echt klappers van hits gehad. "Omdat ik zo van je hou", bijvoorbeeld, een nummer van Céline Dion: "Pour que tu m'aimes encore". Mijn versie werd in Nederland een grotere hit dan het nummer van Céline zelf.

En vergeet de Re-Play-periode niet. Dat album, *Gordon & Re-Play*, uit 2002, is een klassieker geworden. Dat wordt door de jeugd van nu nog gedraaid. Dat was zo'n leuke tijd, met die jongens.

Ik was destijds een album aan het opnemen met Ellert Driessen van Spargo, die man schreef fantastische liedjes. Hij produceerde in 1999 mijn album *Met hart en ziel* en dat heeft ie zo goed gedaan, dus toen hij een paar jaar later met een ander liedje kwam, wilde ik dat graag horen. Dat was "Never nooit meer". Hij zei: "Je moet dit nummer eigenlijk met een zwart koortje doen." Hij wist ook wel een jongensgroepje dat net een hitje had: Re-Play. Ik vond dat een fantastisch liedje, dus ik zei: "Nodig die jongens uit."

Mark, Alwin, Samuel en Henk, alle vier bij mij thuis. Die jongens waren helemaal vereerd, wat ik weer heel leuk vond omdat ik hen juist zo te gek vond. Het was gelijk zo'n klik. Ellert zat achter de piano en we begonnen te oefenen. Dat vergeet ik nooit meer. Er gebeurde iets… Je voelde gelijk: o mijn god.

Ik haalde vervolgens alles uit de kast. We namen onze eerste clip gewoon op in Miami. Kosten noch moeite. We hebben gebruld van het lachen, want ik was op de eerste dag al zoek. Lag ik met een of andere gozer te neuken. Ik was nog geen uur in die stad of ik had de allerlekkerste gozer het hotel in gesleurd. Zo voorspelbaar. Wat een verschutting.

De single was al twee weken uit toen we die clip opnamen en we kregen daar, in Miami, de eerste cijfers door.

Hij was direct in de Top 10 binnengekomen en bleef veertien weken in de lijst staan.

Het waren glorietijden. Daar kijk ik met zoveel plezier op terug. Er is ook geen enkele wanklank met die jongens, we waren vriendjes. Het was gewoon heel verdrietig dat Mark stopte. Hij wilde alleen verder, hij had een droom, wilde solo, doorbreken in Amerika. Dat is nooit van de grond gekomen, maar zoiets mag je niet in de weg staan. Het betekende alleen wel dat we geen vervolg konden maken, het was het einde van Re-Play. Mark was de sleutelfiguur, namelijk. We traden daarna nog wel op met een andere jongen erbij, maar dat was kansloos.'

'Het was een prachtige periode. Die beginjaren waren mijn gelukkigste op muziekgebied. De eerste keer in Ahoy', Rotterdam, voor een uitverkochte zaal in 2003. Het was een waanzinnig concert dat zijn weerga niet kende. Ik was een van de voorlopers op het gebied van show, van glitterkleding, van special effects. Dat gebeurde niet in die dagen. Nou ja, ik moet Lee Towers niet vergeten, maar die was meer van die grand gala's, heel chic en classy. Ook fantastisch. En wat een lieve man ook. Ikzelf was meer van Las Vegas, van de show, van de kostuums.'

'De bekendheid, de roem, die was er vanaf dag een. En ik vond het waanzinnig. Ik werd overal uitgenodigd, werd gevraagd voor spelprogramma's, ik hoorde er ineens bij, was een graag geziene gast. Zat ik zomaar naast André van Duin of mocht ik een duet doen met Gilbert Bécaud of Angie Stone of Jon Secada. Ik liep niet naast mijn schoenen, maar ik vond het vooral geweldig als mensen mij de beste zanger vonden, een talent. Het was een droom en je kunt het niet uitleggen, je moet het meemaken om het te bevatten.

Gek genoeg was ik zo nuchter om te weten: ik moet normaal blijven doen. Ik was jong, toen ik doorbrak, drieëntwintig, en ik had van mijn vader geleerd: hard werken wordt beloond. Dus dat deed ik. En ik had destijds geen negatieve invloeden van buitenaf. Geen drank, geen drugs, een vaste relatie, man, ik was intens gelukkig.

Sterren van nu moeten het hebben van YouTube. Zo'n jongen als Lil' Kleine vind ik een geweldig talent, hij timmert zo hard aan de weg, maar het is totaal anders dan in mijn tijd. Je kunt dat niet met elkaar vergelijken.

Jongens als Lil' Kleine zijn wel beroemd, maar het is heel vluchtig allemaal. Het is een ander soort celebrity. Het zijn artiesten die door het gros van de mensen op straat voorbijgelopen worden. Ik kan de straat niet meer op. Mijn leven is echt voorbij, ik kan nergens meer komen. Ik vond het geweldig, in het begin, maar met de jaren kreeg ik de keerzijde ervan te zien. Mensen zeggen dan: "Dat weet je toch, als je beroemd wordt." Nee schat, in mijn tijd had niemand een telefoon op zak. Tegenwoordig ben je een *sitting duck*, elke dag weer. Ik weet dat ik het zelf ook voed, dat ik dingen op social media zet, maar je kunt niet meer zonder. Het is nodig voor mijn business. Ik zet daar ook vaak dingen op die aangeven dat het niet alleen maar rozengeur en maneschijn is, zoals het filmpje van mijn bodyguard, vorig jaar. Hij werd bijna doodgedrukt door het hek bij mijn huis en dat heb ik nog maar net weten te voorkomen. Ik heb ook een tijd niks gepost, met niemand gepraat, maar dan gaan ze dingen verzinnen en dat wil je ook niet. Het gaat om míjn business, immers.

De bekendheid is voor mij op dit moment het allerzwaarst. Het beangstigt me soms. Ik zat van de week in Rotterdam, in mijn hotel. Het was GayPride en ik zou met twee vrienden gaan, die uiteindelijk niet gingen. Ik ben in de hotelbar gaan zitten, maar ik kon niemand bereiken. Ik was alleen. Normaal gesproken ga je dan de stad in en kijk je wat er gebeurt. Ik durfde gewoon niet. Ik kan niet alleen over straat, ik vind dat eng. Ik doe mijn boodschappen altijd bij de Albert Heijn in Blaricum, waar ik niet word lastiggevallen, maar ik moet straks naar die op het Museumplein, in Amsterdam. Daar zie ik nu al tegen op. Ik voel me niet meer veilig. Ik denk niet dat mensen zich realiseren hoe het is. Want ze zeggen allemaal tegen me: "Word je er niet gek van dat mensen steeds naar je toekomen?"

"Ja, schat," zeg ik dan, "maar jij komt ook naar me toe."

Ik word er soms helemaal gek van.'

III.

'Het klinkt misschien vreemd, maar ik heb altijd groot gedacht. Ik word een wereldster, dat idee. Ik was zo ontzettend gedreven, wilde het zo graag goed doen. Ik was overal op tijd – dat is mijn kracht ook geweest, ik was nooit te laat, nu nog steeds niet. En ik heb altijd gedacht: het succes dat ik nu heb laat ik me niet meer afpakken. Dat is gelukt. Het is nooit gestopt. Ik draai al vijfentwintig jaar mee op het allerhoogste niveau en er is geen moment geweest waarop ik dacht: het wordt minder. Nou ja, qua muziek is het wel minder geworden natuurlijk. Daarom ben ik uiteindelijk ook gestopt, vorig jaar.

Dat had vooral te maken met het gebrek aan respect. Er was aan het eind geen greintje respect meer over. Waarschijnlijk omdat ik een te grote smoel heb, te uitgesproken ben. Ik zeg gewoon wat ik denk, ik blijf dicht bij mezelf. Dat heeft me soms heel erg in de problemen gebracht. Het werd niet altijd gewaardeerd. Je moet in Hilversum heel vaak je mond dichthouden. Niet praten over dingen die ertoe doen. Dat kon ik niet. Nog steeds niet. Ik buig niet mee. Dat is niet altijd handig.

Natuurlijk denk ik weleens: je moet je bek houden, Gordon. Maar ik kán dat niet. Ik ben zo. Ik zou mezelf tekortdoen als ik het anders zou doen. En kijk wat ik desondanks heb bereikt, kijk hoever ik ben gekomen. Kijk hoeveel respect ik krijg voor de andere dingen die ik doe, voor mijn ondernemerschap, mijn tv-werk. Daarvoor heb ik geen radiobaas uit Hilversum nodig die me vertelt hoe goed ik ben. *Fuck* Hilversum. Ik heb hun complimenten niet meer nodig, ik krijg ze van mijn publiek, dat naar me kijkt op tv of bij me in een van mijn zaken zit. In mijn ogen is het een stelletje schorem, die zenderbazen van de Nederlandse radio. Figuren die helemaal niks kunnen, maar wel mogen bepalen wat er op de radio komt. Vergelijk dat maar eens met landen als Griekenland en Spanje en Italië, waar ze zeventig procent van het eigen product moeten draaien. Dat nummer "Leef", van André Hazes junior, is fantastisch. Als hij dat had gehad in de periode dat ik net bekend werd, had ie net als ik twaalf weken op nummer een gestaan. Maar dat is niet meer. Die periode is over.

Het was niet alleen dat gebrek aan respect, hoor, mijn muziekcarrière werd ook minder door mijn medicijngebruik. Mijn stem werd minder. Er is een periode geweest dat ik echt geen noot meer uit kon brengen. Zat ik huilend in de auto op weg naar een optreden: "Hoe moet ik dit doen?" Ik heb sommige optredens honderd procent geplaybackt. Dat ging tegen mijn natuur in en mensen zagen dat ook, ik stond in die tijd doodongelukkig op het podium. Later bleek dat de artsen me een medicijn hadden gegeven tegen psoriasis waar je stem van wegging. Dat vertelden ze me na drie jaar! Ik ben daardoor helemaal opnieuw moeten beginnen, heb zangles moeten nemen, mijn stem weer op orde zien te krijgen. Maar er was zoveel schade aangericht… Ik kon vroeger met het grootste gemak zingen en gelukkig kan ik dat nu weer, maar het heeft jaren van herstel gekost en ik zal niet meer de helderheid hebben die ik vroeger had. Die komt nooit meer terug.

Dat ik het desondanks nog zo lang heb volgehouden in de muziekbusiness komt ook omdat ik mezelf altijd wil blijven verrassen. Ik wil niet hetzelfde blijven doen.

Zo is LA The Voices ook ontstaan. Ik had een cd van Tineke de Nooij gekregen: Romanz. Vier mooie mannen met prachtig klassiek geschoolde stemmen. Schitterend. Ze kwamen uit Zuid-Afrika en het was daar een waanzinnig succes. Dat wilde ik hier gaan doen. Dus heb ik zelf audities uitgeschreven, bij mij thuis, samen met Tineke de Nooij en Rick van Schooten van Sony, de platenmaatschappij. We hadden iets van zestig auditanten, die allemaal een liedje zongen in de woonkamer. Ik wilde in eerste instantie zelf helemaal niet meedoen, maar op een gegeven moment ging ik voorzingen en dat klonk zo *fucking* vet, samen met de vier jongens die we hadden uitgekozen. Zij zeiden direct: "Waarom doe je gewoon niet mee?"

Ja, jezus, waarom ook niet?

Zo is het gekomen.

Binnen een week had ik een platendeal geregeld. Voor de eerste fotoshoots vlogen we met twee privéjets naar Noord-Frankrijk. Het kon niet op. Allemaal uit mijn eigen portemonnee. Ik moest wel. Je kunt alleen veel geld verdienen door veel te investeren en ik was in die tijd bovendien net uit De Toppers gestapt; stilzitten was geen optie.

Gelukkig verkochten we van het eerste album tachtigduizend exemplaren en we stonden voor uitverkochte zalen. De eerste show was in Carré. Dus er kwam echt wel geld binnen.

Maar na twee jaar wezen de cijfers uit dat het geen zoden aan de dijk zette. En ik had toch echt geld nodig, ik moest verder. Dus ik zei: "Jongens, luister, het is heel kut, maar ik stop ermee."

Ze waren in shock natuurlijk, maar ik zei dat ik ze zou blijven begeleiden. Dat kon niet, vonden ze, want ik was het gezicht van de groep. Toch ging het niet anders. En ik wist dat mijn publiek dat zou begrijpen. Bovendien had ik heel veel tv-programma's in die tijd, dus ik kon het gewoon niet meer doen. Ik had het druk, het was niet meer rendabel, ik verdiende niets. Ik vind het heel leuk om te zingen, maar ik wil er ook geld mee verdienen want het is mijn vak, mijn werk, en ik moet mijn hypotheek ook betalen. Dus maakten we het bekend.'

'Het idee was om nog twee weken met de jongens langs de theaters te toeren, maar ik werd vreselijk ziek. Veertig graden koorts. Het probleem was dat ik precies in die periode bij opnames van *The X Factor* moest zijn. Ik viel bijna om, zo'n hoge koorts had ik, maar ik moest die opnames doen want er was niemand anders, ze konden niemand anders inzetten.

Doordat ik die opnames moest doen, kon ik die twee weken theatershows niet doen. Ik was zó ziek. Ik heb zelfs in het ziekenhuis gelegen, in quarantaine. Ze dachten dat ik een bacteriële infectie had.

Het betekende echter dat er geen inkomsten voor de jongens waren. We waren verzekerd, gelukkig, en zoiets kan nu eenmaal gebeuren. Het was overmacht. Maar zo dachten zij er niet over. Ze zijn niet eens langs geweest in het ziekenhuis, toen dat weer kon. Ik moest het in de krant lezen: LA The Voices gaat verder met Lee Towers. Ik dacht: dit is een grap. Het was geen grap. Ook de hele lading narigheid en negativiteit die er in dat stuk stond niet. Leugens, onvoorstelbaar. We hadden blijkbaar een totaal andere kijk op wat er gebeurd was.

Daarna was ik het zat. "Hier, jongens," zei ik, "hier heb je de banden, hier heb je de naam, alsjeblieft, jullie mogen het allemaal hebben. Maar val me nooit meer lastig."

Ik ben er niet geschikt voor, dat gemene prikken onder de gordel. Want zo voelde ik dat. Dus ik heb daar geen stuiver aan overgehouden. Sterker: het heeft me een vermogen gekost.'

'Het gekke is dat ik die jongens wel mis, af en toe. Hoe wij samen muziek maakten… Het was zo ontzettend leuk. En ik geef toe dat ik ook dingen verkeerd heb gedaan. Ze hebben het nodige met me te stellen gehad. Ik ben natuurlijk seks, drugs en rock-'n-roll, dat waren die jongens niet. Remco was christen, Roy, die arme schat, kwam uit Delft, had net een musicalopleiding gedaan, en Ritchie was ook een lieverd, maar die was zó netjes opgevoed. Peter was de enige ouwe rocker, die had vroeger weleens een snuif genomen, die had het allemaal weleens gedaan. Maar in vergelijking met mij…

Ze wisten wie ik was, natuurlijk. Dat is geen vrijbrief, maar ik houd gewoon van een feestje, ik houd van drugs en zij waren toch wat braver. Evengoed heeft het onze relatie nooit verstoord. We begrepen en respecteerden elkaar en we hebben ook verschrikkelijk gelachen samen. In de bus, op weg naar de optredens, schat, we hebben gehuild van het lachen. Heerlijk. Die afschuwelijke verhalen die ik aan ze vertelde. Of ik liet weer een grote dikke piemel zien op mijn telefoon, die een of andere gozer naar me had gestuurd. Kwamen ze niet meer bij. Hoe hou je het vol, zeiden ze dan.'

'Uiteindelijk werd ik als muzikant steeds minder serieus genomen. Omdat ik dus een grote bek had, maar ook omdat ik tv-dingen ging doen. Dat vind ik heel erg – nog steeds, ja. Ik ben een zanger in hart en nieren. Ik ben een muzikant, ik schrijf liedjes. Maar heb je mensen mij ooit een singer-songwriter horen noemen? Nog nooit. Ik weet niet waarom dat is. Trijntje Oosterhuis vroeg me laatst waarom ik toch in godsnaam gestopt was. Ze zei: "Dit is je grootste passie." Ze heeft gelijk. Maar voor wie moet ik doorgaan? Ik word niet gedraaid. Mijn laatste album, *Compleet, volmaakt, het einde,* is een van de beste die ik ooit heb uitgebracht, maar er is niet eens naar geluisterd. Er is gewoon niet naar geluisterd. Dat is pijnlijk.

Maar het was al met al een droomcarrière en ik heb het netjes afgesloten. Het is goed zo.'

Gordons droevige ogen blikken even richting de woonkamer. Daar schuifelt net zijn schoonmaakster binnen. Mevrouw M. heet ze, een kleine beleefde dame met vriendelijke ogen en een zacht gezicht. Gordon heeft haar jaren geleden 'ingepikt' van Willeke Alberti, zegt ie. Daar moeten ze allebei even om lachen. Ze heeft acht kinderen, vertelt Gordon, drie jongens, vijf meiden. Net als Gordons familie. Haar kinderen zien Gordon eigenlijk ook als een broer, zegt hij. Mevrouw M. bevestigt het, knikt nog even vriendelijk, zet een pot zelfgemaakte gemberthee op tafel en verdwijnt dan weer stilletjes.

'Voor mijn gevoel heb ik het televisiewerk er altijd bij gedaan. Ik had stiekem wel een idee waar ik heen wilde, op dat gebied, maar ik had nooit gedacht dat mijn carrière als presentator zo'n vlucht zou nemen. Het begon in 1994 met de *WK Spelshow* en in 1997 kwam *Read My Lips*. Vooral dat laatste programma was een succes. Bij Veronica, met Sylvia Millecam was dat. De definitieve doorbraak op tv kwam in 1999 met *Gordon doorgedraaid*, mijn eigen talkshow.

Toch vind ik het mooiste om te werken met mensen van de straat, zoals in *Hotter Than My Daughter*. Dat is het allermooiste. Mensen die helemaal leeglopen bij me, net zoals ze dat vroeger deden op de markt. Ik heb via de LOI een cursus psychologie genomen, omdat ik dingen zelf wil begrijpen. Waarom nemen mensen bepaalde beslissingen? Die leergierigheid heb ik nog steeds. Ik heb geen tijd om zo'n hele cursus te doen, maar ik zit wel regelmatig in de boeken. Ik doe dat puur voor mezelf. Ik wil kennis opdoen en daardoor wellicht iets meer kunnen betekenen voor mensen.'

Heel gevoelig, natuurlijk, maar Gordon is toch vooral bekend om zijn snoeiharde grappen en eeuwige geklaag. En dat weet hij zelf ook: 'In *Holland's Got Talent* ben ik precies mijn moeder. Een van mijn zussen zei het laatst tegen me. "Het is alsof ik naar mama zit te kijken." Dat zeuren en klagen, dat keiharde, dat heb ik van haar. Een dag voor haar dood vroeg ze nog aan me waarom ik niet een gaatje verder ging. Typisch mijn moeder. "Ik snap dat niet, hoor, zit je in dat strontgat, ga toch voor een lekker kutje!"

"Mam… kom op, echt…"

Maar zo dacht zij. Keihard. Ik kwam weleens binnen en dan zei ze direct: "Wat zit je haar kut." Of: "Wat ben je dik, niet normaal zo dik. Doe er iets aan."

Zo was ze.

Mijn vader ook trouwens. Die lustte ook niks. Als ik iets lekkers voor hem maakte: "Gatverdamme, wat is dit, wat een gorigheid. Niet te vreten."

Alleen maar aan het klagen en zeuren, net als ik bij *Holland's Got Talent*. Ik ben groot geworden door te klagen. Is het je trouwens opgevallen dat iedereen dat nu doet, daar in Hilversum? Nergens zin in, alleen maar zeiken. Het is een soort *running gag* geworden. Iedereen doet het. Kijk naar Jamai, die lijkt wel een kopie van mij. Die schat had mijn kind kunnen zijn, dat is gewoon eng.

Maar het is geen trucje. Ik denk gewoon nooit na over wat ik zeg. Het boeit me ook niet wat mensen daarvan vinden, maar ik kan me best voorstellen dat mensen zich aan me ergeren. Ik ben af en toe heel irritant. Ik kan ook heel moeilijk naar mezelf kijken, ik kan mijn programma's beter niet terugzien. Ik was daar al, ik heb het meegemaakt. Ik doe het wel, terugkijken, uit professioneel oogpunt, om te leren, maar ik zie het liever niet. Ik word nogal eens moe van mezelf. Dan denk ik: kan het niet een tandje minder?

Aan de andere kant ben ik nu eenmaal zo. En het heeft me ook veel gebracht. Ik denk dat ik een van de weinigen ben die John de Mol weleens verrot heeft gescholden. Omdat we wederzijds respect voor elkaar hebben opgebouwd. Hij heeft prachtige dingen gemaakt, is oppermachtig en ik heb altijd laten zien dat ik me de kaas niet van het brood laat eten. Ik ben eerlijk tegen hem, zeg waar het op staat. Ik denk dat hij dat uiteindelijk misschien wel verfrissend vond in een wereld vol jaknikkers. Het leuke is: als we nu een redactievergadering hebben, kan ik ook gewoon achter hem aan zitten om hem te kietelen. Rent ie door z'n kantoor en komt ie niet meer bij. Dan zie je iedereen denken: hoe dúrft ie dat? John vindt dat fantastisch. Door ons wederzijdse respect kan ik nee zeggen tegen John. Hij vroeg me laatst voor een pilot... verschrikkelijk. Ik zei: "Ik doe alles voor je, maar dit ga ik niet doen." Dat kan ik zeggen en dat begrijpt hij dan wel. Ik heb het geluk gehad dat John – en ook RTL4-baas Erland Galjaard – me altijd gewaardeerd hebben om mijn talent. Zij zijn regelmatig mijn redding geweest.

John heeft me ooit een miljoenencontract aangeboden. Een megakans. Ik kreeg dat geld om de ochtendshow op Noordzee FM te presenteren, vijf jaar lang. Maar na drie jaar zei ik: "Ik kan het niet meer." Ik zat huilend in zijn kantoor. Heel dom natuurlijk. Ik wuifde gewoon een paar miljoen weg. Hoe kon ik zo achterlijk zijn?

Maar ik trok het niet meer. Ik moest 's avonds optreden, had die radioshow en mijn tv-carrière; ik kon niet meer. Ik was op. En het was zo'n leuke show om te doen, met al die typetjes die ik deed.

Daar heb ik spijt van. Dat had ik nooit moeten doen,

daarmee stoppen. Buiten het geld om. Hoe kon ik zo'n prachtige kans verpesten? Hoe kun je zeggen: ik wil niet meer? Weet je hoeveel mensen dromen van zo'n bedrag? Dan ben je toch een verwend nest? Godverdomme wat een sukkel.'

Het is even stil in de keuken. Gordon beantwoordt een whatsappje, drinkt wat van de gemberthee die mevrouw M. elke dag voor hem maakt en schuift de telefoon dan in mijn richting: 'Moet je lezen wat Erland me gister stuurde.'

'Jezus man, wat ben je goed in It Takes 2.'
'Thanks.'
'Ik meen het echt.'
'Dat vind ik heel leuk. Goud waard, want ik krijg nooit een compliment. Om over social media nog maar te zwijgen. Alleen maar gezeik.'
'Jij bent een geweldig talent met heel veel kwaliteiten. Creatief en geestig. Ik ga je voortaan elke maand een compliment geven lieve vriend, want dat verdien je. Want Holland's Got Talent doe je ook geweldig, met afstand het allerbeste jurylid dat Nederland ooit heeft gehad. En er komt nog zoveel leuks aan. Dus focus, fuck social media, allemaal jaloerse mensen die allemaal net zo beroemd en rijk als jij willen zijn hahaha.'

'Dat doet me dan echt wat. Ik heb dat soort dingen nodig, af en toe. Ik moet het horen. Al die negatieve shit, al die narigheid. God god god, hoe hard mensen zijn. Spijkerhard. Vooral de mensen die nog nooit de moeite hebben genomen zich te verdiepen in mij.

75

Wel gek dat juist dit vak me zoveel eenzaamheid heeft opgeleverd. In mijn eentje in die grote kleedkamers, altijd afgeschermd door de beveiliging, door bodyguards. Terwijl ik juist daar wilde zijn, daar, aan die andere kant, bij de mensen. Dat kon ineens niet meer.

Die showbizzwereld heeft me alles gekost. Het zwarte monster, noem ik het. Het zwarte gat waar ik steeds in kijk. Met al die holle mensen die zich steeds uitlaten over me. Die me verbaal uitkotsen, die me uitmaken voor alles wat slecht is. Als ik het allemaal van tevoren had geweten, had ik het nooit gedaan. Dat meen ik. Als je me toen had verteld dat ik dit gesprek hier met jou zou hebben, nu, dat ik zo terug zou kijken, dat het me zoveel heeft gekost… Hier, hou het maar. Dat was het me niet waard.

Mensen zien dat niet. Ze zien het geld, de rijkdom, de auto's. Maar de eenzaamheid zien ze niet. De hele showbizzwereld is kabaal en rumoer. Het is bij *Shownieuws* en *Boulevard* vertellen hoe fantastisch je leven is. Bullshit. Daarom vind ik social media ook zo vreselijk. Dat je elke keer weer moet lezen hoe geweldig iedereen het heeft, hoe fijn hun vakanties zijn. Eén grote façade. En ik weet heus wel dat ik daar zelf ook aan meedoe, maar dit vak zit wel iets anders in elkaar dan je als buitenstaander vermoedt. Het zit vol opportunisten en hielenlikkers. Daar ben ik me door schade en schande bewust van geworden. Ik ben genoeg genaaid door mensen die zogenaamd het beste met me voorhadden, maar er alleen zelf beter van werden. Het is gelukkig nooit echt heel erg misgegaan omdat ik altijd erg op mijn hoede ben en zakelijk ook behoorlijk ben onderlegd. Dat zal dan toch de marktkoopman in me zijn. Die zit er ondanks alles nog steeds in.'

DE TOPPER

I.

Er is veel gezegd over Gordons periode bij De Toppers. En nog meer over de haat-liefdeverhouding met zijn 'showbizz-zuster' Gerard Joling. Te veel, vindt Gordon zelf, maar een boek over zijn leven is niet compleet zonder dit hoofdstuk, al is het maar omdat het een essentieel onderdeel van Gordons carrière was.

'Ik heb het tegen hem gezegd,' vertelt hij, doelend op Gerard Joling. 'Ik zei: "Je komt in mijn boek." Weet je wat hij zei? "Schat, dat interesseert me toch geen flikker? Heerlijk toch, al die publiciteit." Daar moet ik dan wel weer om gieren.'

De relatie tussen de twee is op zijn minst opmerkelijk. De ene dag verhaalt Gordon met vochtige ogen over al het leed dat Joling hem aandeed, de andere dag vertelt hij over de trip naar Mykonos die ze onlangs samen in een *spur of the moment* maakten en hoe hard ze daar gelachen en gefeest hebben. 'Het is een rare vogel,' zegt Gordon, 'maar uiteindelijk, na alles, hebben we toch dat wederzijdse respect voor elkaar. Ik weet dat we samen iets heel moois hebben en maken, maar daarbuiten hoeven we elkaar niet te zien. Uiteindelijk is het geen vriendschap. Als hij me een hak zou kunnen zetten, zou hij het doen.'

Terug naar vijfentwintig jaar geleden. De dag dat 'Geer en Goor' elkaar voor het eerst ontmoetten. De dag dat hun, op zijn zachtst gezegd, bijzondere haat-liefdeverhouding begon.

'Ik leerde Gerard kennen tijdens een evenement waar hij ook moest optreden. Hij was ontzettend fan van mij en hij was heel trots op me, zei hij, vond dat ik prachtige liedjes maakte.

Hij zei: "Kom een keer bij me thuis. Neem je vriend mee."

Patrick en ik vonden het geweldig.

Leuk! Gerard Joling! Die was toch wel heel groot in die tijd.

Dus gingen we naar Gerard, naar zijn huis op de Kooltuin in Alkmaar. Er waren ook allemaal andere mensen. Op een gegeven moment wilde hij dat ik mijn shirt uittrok. Raar, eigenlijk, als ik er nu over nadenk. Hij wilde me even checken, gok ik, kijken of ik lekker genoeg was. Geen idee waarom ik dat gedaan heb. Dat flikt ie nog steeds, trouwens, bij al die jonge jongens. Ouwe viezerik.

Hij was zelf toen nog niet uit de kast. Ook niet als we onder vrienden waren. Zelfs dan loog hij erover. Een van zijn vriendjes was dan zogenaamd "zijn chauffeur". Ja, van z'n achterdeur zeker. Ik snapte dat nooit. Het is toch niet erg om gay te zijn? Ik wist het natuurlijk, en hij wist dat ik het wist, maar het mocht niet uitgesproken worden. Nee, dat kon blijkbaar echt niet, dat was een ding. Hij heeft er jarenlang een soort spel van gemaakt. Totdat hij erachter kwam dat zijn vriendje, Wino, Sylvana zwanger had gemaakt, de zus van Marco Borsato. Toen stortte zijn wereld zo vreselijk in. Hij was onwaarschijnlijk gek op Wino. Een wonder dat die twee nog steeds bij elkaar zijn, al is het nu een manager-artiestrelatie.

Na dat bezoek mocht ik weleens optreden op feestjes van hem. Ik heb in zijn tuin opgetreden, het was allemaal superleuk.

Zo is het begonnen.

Ik vond het direct een bijzondere, aparte vent. Hij had iets over zich… Hij is heel heftig, qua persoon, hij overdondert je. En ik was natuurlijk helemaal nieuw in dat vak. Dan is iemand die heel bekend is best intimiderend. Maar ik vond het ook heel mooi en leuk en gaaf dat we bevriend raakten.

Het was ook altijd lachen, gieren, brullen als we elkaar zagen. We zaten vaak bij Wilma & Albert in Haarlem, zijn favoriete restaurant, samen met zijn inmiddels overleden beste vriendin Anneke. Daar ging hij dan zo ontzettend harde boeren en scheten laten. Zo hard dat je dacht: ik ben in de Twilight Zone beland, dit is niet echt. En het erge was dat hij mij daarmee triggerde. Ik deed dat normaal niet, maar ik ging toch maar meedoen. Ik moest er zo ontzettend om lachen. God, wat kan die man hard boeren. De tranen liepen dan langs onze wangen.

Wat moeten die mensen gedacht hebben? Zo ging het altijd met Gerard. We zijn ook weleens Le Garage uitgezet, de zaak van wijlen Joop Braakhekke in Amsterdam. Haalden we een schilderij van de muur, lieten we keiharde scheten en hielden we een aansteker voor onze reet. Midden in dat restaurant. Het was hilarisch. Ik heb echt zoveel plezier met hem gehad.'

'Ik ben nooit seksueel aangetrokken geweest tot hem. Andersom volgens mij ook niet; we hebben nooit iets gehad. Zo was onze vriendschap niet. Hij was ook geen mentor of zo. De sfeer was altijd heel erg leuk. Als ik aan Gerard dacht, destijds, was dat altijd heel leuk, heel positief. Hij zei weleens iets vals in de media, en ik vroeg me dan wel af waarom hij dat deed, maar ach, dat nam ik met een korrel zout.'

'Op een gegeven moment kreeg ik de indruk dat hij me begon te kopiëren. Ik droeg van die glitterkleding, vervolgens deed hij dat ook. Hij ging mijn stylist benaderen, achter mijn rug om, mijn geluidsman, mijn visagist. Ik werd er helemaal gek van. "Die man is mij aan het overnemen," zei ik tegen m'n vrienden. Natuurlijk heb ik dat ook tegen hem gezegd. Daarom noem ik hem ook altijd de papegaai. Lorre. Een carbonpapiertje, dat is ie. Interesseerde hem niks.

Uiteindelijk heeft Gerard alles van me overgenomen, en heb ik dat laten gebeuren. Die T-shirts met die teksten als IK HEB ER GEEN KRACHT MEER VOOR, die waren van mij, mijn uitspraken, mijn idee. Ik had een omzet van dertig-veertigduizend euro in mijn webwinkel waar ik die shirts verkocht, maar Gerard heeft alles naar zich toe getrokken. Hij nam alles over en ging het ook doen, en ik liet het gaan.

Waarom ik daar niks aan deed? Ik had het idee dat ik met mijn rug tegen de muur stond. Ik vond het verschrikkelijk, maar veel mensen hadden en hebben een verkeerd beeld van mij, ze dachten dat ik jaloers was op Gerard. Want Gerard was altijd zo oprecht, zo lief.

Ze hadden eens moeten weten.

Voor mijn gevoel kon ik geen kant op, echt niet, want als ik het had verteld, had niemand me geloofd. Dan zou ik de jankerd zijn, de zeikerd. En ik wilde me groot houden, dus ik moest het wel voor me houden. Maar alle mensen in mijn omgeving weten hoe het gelopen is. Ik heb er ontzettend veel moeite mee gehad. Gerard speelde het zó hard, ik denk dat zijn manager Wino daarin een grote rol heeft gespeeld. Dat is een harde man. Ik schrok er in ieder geval enorm van.

"Wat denk je wel niet," zei hij steeds. "Hoezo heb jij dat verzonnen? Ik heb dat verzonnen!"

Dat hield ie gewoon vol. Ook in gezelschap, maar dan keek hij mij af en toe stiekem aan met zo'n heel valse blik van: ik weet dat jij het hebt bedacht, maar ik heb het even overgenomen.

Ik kon daar niet tegenop. Het ging boven mijn pet.

Ik heb daar heel erg veel last van gehad. Nachten van wakker gelegen. Gehuild als een klein kind. Serieus.'

'Er zijn mensen die zeggen: je moet niet zeiken, je hebt ook heel veel succes aan hem te danken.

Dan zeg ik keihard: hij heeft het succes dat hij nu heeft juist aan mij te danken. Zijn carrière was voorbij, in die tijd. Hij stond in ieder geval op een zijspoor. Toen John de Mol in 2005 naar me toe kwam met de vraag wie we nog meer moesten vragen voor *Over de vloer*, zei ik: "Dat moet ik met Gerard doen." Dat hebben John en ik bedacht.

Dat weet Gerard ook, maar hij is kei- en keihard en liegt daarover. Ook op dat punt is Gerard Joling spijkerhard. Volgens mij heeft hij gewoon ook een narcistische persoonlijkheidsstoornis. Ik weet dat mensen dat ook van mij zeggen en ik geef toe dat elke artiest narcistische trekjes heeft, maar als je zó vervuld bent van jezelf, als je je hele wand vol hangt met foto's van jezelf, met platina platen, met awards, met weet ik veel… dan heb je toch echt een probleem.

Het programma zou in eerste instantie ook *Gordon & Joling* gaan heten, maar hij is daarvoor gaan liggen. Je bent het nu gewend, *Geer & Goor*, dus klinkt dat beter, maar destijds was *Goor & Geer* het plan. Hij heeft hemel en aarde bewogen om het omgedraaid te krijgen. Ik was daar zo van ondersteboven… hoe kun je daar nou mee bezig zijn? Maar hij vond het niet meer dan logisch, want hij zat langer in het vak dan ik. *What the fuck dude,* wat maakt het uit? Ook dat heb ik uiteindelijk laten gaan.

Nog een voorbeeld: toen we De Toppers gingen doen stond René Froger altijd in het midden. Vanaf dag één heeft Joling alleen maar lopen zeiken: "Waarom moet René in het midden?"

Dat vind ik kleinzielig en narcistisch. Die man is blijkbaar zo onwaarschijnlijk bang dat zijn carrière voorbij is of dat anderen meer aandacht krijgen. Hij kan ook geen avond thuis zitten, hij is altijd bij mensen, hij moet en zal die aandacht hebben. Ik ben juist blij dat ik een avond thuis ben, dat ik mijn eigen ding kan doen. Denk je dat ik naar Curaçao op vakantie ga? Met alle andere Nederlanders? Wat denk je zelf? Alsof je in de Kalverstraat gaat liggen. Joling doet dat wel. Als je het mij vraagt, is dat een ziekelijke hang naar aandacht.

Ik weet dat hij dit verhaal straks weer zo zal weten te draaien dat het toch mijn schuld is, dat het "die gekke Gordon" maar is, dat je er geen waarde aan moet hechten. Maar geloof me: het is waar. Het is mijn persoonlijke visie, maar die is gewoon waar.'

Toch is dat allemaal niet wat Gordon het meest dwarszit. 'Het ergste gebeurde voor de hele Toppers- en tv-tijd. Dat was de reden dat ik hem heel lang niet gesproken heb, niet met hem *on speaking terms* was. Eerlijk gezegd wilde ik die man nooit meer zien.

Het was 2003 en ik was jarig. Ik had een boot afgehuurd in Amsterdam voor al mijn familie, vrienden en kennissen. Leuk, gezellig. Er was een dj aan boord, we hadden waanzinnig lekkere hapjes, drank. Tijdens dat boottochtje heeft Gerard samen met Eddy Keur, die radiopresentator, iets geflikt waardoor ik helemaal door het lint ging. Ik was in alle staten toen ik het hoorde. Ik kwam er alleen pas achter toen Gerard en Eddy al van boord waren, dus ik kon er niks aan doen op dat moment. Ik had ze anders van boord geslagen, zo boos was ik.

Ik heb hem direct gebeld, hem met het verhaal geconfronteerd en gevraagd: "Wat flik jij nou, godverdomme, wat is dit?"

"Ach nee," zei Gerard, "het was een geintje."

Hij deed het af als niet belangrijk.

"Wat nou, geintje, dat zijn toch godverdomme geen geintjes? Ook nog op m'n verjaardag. Fucking mongool."

Ik kan en wil niet vertellen wat er precies is gebeurd,

want dat worden discussies waar niemand op zit te wachten en ik wil ook vooral andere betrokkenen niet beschadigen, maar geloof me: het was géén geintje. Wat een idioot.'

II.

'Een paar maanden later werd ik gebeld door René Froger. Ik kende hem niet zo heel goed. Ik vond hem altijd wel aardig, maar ik voelde: jij bent mijn bloedgroep niet. Froger is van de moppen, van de Jordaan, ik ben Amsterdam-Noord. Dat zijn twee werelden, die kunnen niet goed samen. Ik ben grappig, maar ik kan geen mop vertellen. Moppen zijn vaak ook stom.

Maar ik vond het wel een eer, natuurlijk, dat hij belde. Froger is een heel grote artiest en ik heb altijd ontzettend veel respect voor hem gehad. We hadden weleens een dingetje samen gedaan, maar veel was het niet.

Ik vond hem wel altijd arrogant. Hij was heel erg bezig met zijn succes, wilde bovendien altijd bewijzen dat hij de hardste stem had, de beste stem ook.

Maar goed, hij belde op.

"Gordon, ik sta binnenkort in de ArenA, helemaal uitverkocht. Twee avonden."

Erg knap, want heel eerlijk: ik zou nooit naar een soloconcert van die man gaan. Leuk en aardig allemaal, ik had hem weleens in de Kuip gezien en ik vond het fantastisch wat hij deed, maar het was niet mijn muziek. Te wit voor mij.

Hij ging verder: "Ik zou het te gek vinden als jij wilt

komen optreden, samen met Gerard Joling."

Samen met Gerard Joling… Dat zei hij.

Ik zei: "Nou, René, ik heb nieuws voor je: dat doe ik niet."

"Hoezo niet? Ga je nou nee zeggen?"

"Ja, ik zeg nee, want ik hoef die man nooit meer te zien."

Ik wilde niet vertellen waarom. Ik heb gewoon opgehangen uiteindelijk. Hij was helemaal in shock.'

'Een dag later belde hij weer. Hij had er nog eens over na zitten denken, zei hij, en hij vond dat het opgelost moest worden. Ik zei dat dat niet ging gebeuren, dat Gerard Joling een grens bij mij was overgegaan. Maar Froger bleef aandringen en dus vertelde ik het verhaal.

Toen was het even stil.

Hij vond het "inderdaad niet netjes".'

'Inmiddels had Froger Gerard al benaderd en die begreep het probleem niet. "Hoezo wil Gordon niet?"

Nou, niet alleen vanwege wat er gebeurd was, maar ook omdat Gerard in die maanden dat we elkaar niet spraken zulke vreselijke dingen over mij had gezegd… Tegen collega's, in de media, alles om mij maar te kwetsen. Weet ik veel wat ie allemaal geroepen heeft, dat kun je overal nalezen, maar het was verschrikkelijk. Ik wilde dus nog meer dan voorheen niks met hem te maken hebben.'

'Uiteindelijk heeft Froger het toch voor elkaar gekregen dat ik een lijmpoging wilde doen. In zijn tuin, in Blaricum. Ik had het niet meer, die dag.

Ik zei tegen Patrick, destijds mijn vriend: "Ik laat me gewoon weer lijmen. Ik ben weer de lul."

Ik heb het nog een keer afgezegd op de dag zelf, maar liet weer op me inpraten. Over hoe fantastisch het zou worden, hoe mooi het zou zijn voor mijn carrière. En heel eerlijk: ik vond het natuurlijk ook fantastisch om in die ArenA te kunnen staan. Waanzinnig.

Dus op een zaterdagmiddag in de zomer, in de tuin bij Froger, zag ik Gerard weer.

"Nou, Corrie, ik heb gehoord dat er toch nog wel wat dingen zijn."

"Ja, Gerard, die zijn er zeker."

"Wat dan?"

"Dat weet jij donders goed."

"Nee, ik heb geen idee, wat is er dan zo erg?"

"Dat jij de gore moed hebt gehad…"

Godverdomme, sorry, jank ik weer. Het zit me nog zo hoog. Nog steeds. Dat je zoiets flikt… op mijn verjaardag nota bene. Dat ik mijn hart en mijn huis voor je openstel en dat je vervolgens zo met me omgaat en me daarna maandenlang afbrandt, de meest vreselijke dingen over me zegt.

Ik was in staat om weg te lopen, toen, maar Froger kwam tussenbeide. "Jongens, jongens, rustig. Hier, neem wat wijn."

Had ie van die heel vieze, smerige wijn. Gatverdamme. Hebben Gerard en ik veel later nog zo om gelachen. Hij weet wel wat ie weggeeft. Godverdomme, wat een zure wijn, net zo zuur als hijzelf.'

'Uiteindelijk zei Gerard dat hij zich het voorval oprecht niet meer kon herinneren, maar dat hij hoopte dat ik zijn excuses zou accepteren. Het was nooit zijn bedoeling geweest.

Vreselijk verhaal natuurlijk, maar hij bood zijn excuses aan en ik moest ook verder met mijn leven, met mijn carrière. Kwaad blijven zit niet in mijn aard. En die concerten waren ophanden.'

III.

'Het was fantastisch. Die ArenA ontplofte toen Gerard en ik opkwamen. De rest van de avond was geen reet aan, met alle respect voor René, maar toen wij opkwamen… We zongen elkaars liedjes, ik die van Froger en Joling en andersom. Het was echt een hele happening toentertijd.

Froger zag dat ook gebeuren, die zag dat stadion tekeergaan. Dus na die show zei hij: "Dit moeten we volgend jaar met z'n drieën gaan doen. De Toppers."

Ik heb er nooit over nagedacht om dat rechtentechnisch vast te leggen. We hadden al ja gezegd, maar we waren natuurlijk een essentieel onderdeel van die formatie. Toch heeft Froger alle rechten van De Toppers. Gerard en ik kregen gewoon een heel erg goed salaris. Ik heb me altijd afgevraagd waarom hij zich dat idee zonder overleg heeft toegeëigend. Oké, hij heeft ons wel bij elkaar gebracht, maar het had toch niet meer dan billijk geweest als het geld gelijkelijk zou worden verdeeld? René Froger heeft er goud mee verdiend. Na twee jaar Toppers voelden we ons dan ook wel wat in de maling genomen, maar de sfeer onderling was echt fantastisch. Het werkte gewoon heel erg goed, dat zingen van elkaars liedjes. Het was ook weer heel leuk tussen Geer en mij, die eerste jaren Toppers waren geweldig.

Ik ontwierp de kleding. Dat was echt glamour. Ik had mooie Italiaanse maatpakken laten maken. Het had zoveel klasse. Als je ziet hoe ze er nu bij lopen; het lijkt wel of het circus in de stad is, ik vind dat er echt niet uitzien. De ene outfit is nog hysterischer dan de andere.

Maar die eerste vijf jaar: geweldig. Het kon niet op. Op een gegeven moment traden we zes avonden achter elkaar op, verkochten we meer dan een miljoen platen. Je kunt het je bijna niet meer voorstellen.'

Toch ging het mis. De eerste barsten kwamen nadat Gordon naar eigen zeggen ontdekte dat René Froger een drankprobleem had, hetgeen hij uitgebreid besprak tijdens een interview met Jeroen Pauw in een uitzending van *5 Jaar Later*. Froger heeft dat altijd ontkend, maar John van Katwijk, Frogers manager destijds, zei in een reactie op het interview dat de zanger 'inderdaad een kwade dronk' had.

'Mensen hebben het er altijd over dat ik zoveel coke gebruik. Nou, ieder zijn voorkeur, maar ik gebruik liever een snuif coke dan al die drank die Froger zoop. In het begin hadden we het niet door, je houdt je daar ook niet mee bezig. Het was ook zo geweldig die eerste jaren. We hadden drie kleedkamers naast elkaar, alles was goed verzorgd, we verdienden flink geld en we hadden zoveel lol, het was hysterisch. Het was echt te gek. Maar op een gegeven moment konden we het niet meer ontkennen. Al mijn angsten van vroeger, de dronken woede van mijn vader, dat kwam weer terug.'

'Het werd minder leuk, daardoor, maar er was sprake van dat wij het Songfestival zouden gaan doen. Een unieke kans. We werden benaderd door de NOS en ik vond het een heel grote eer. Ik heb dat altijd willen doen, het was een droom van mij.

Maar Joling had er geen zin in. Hij voelde zich er te oud voor en wilde die droom van mij willens en wetens om zeep helpen, juist omdat ik het zo leuk vond. René had daar op een gegeven moment ook genoeg van en die zei: "Wij gaan het tóch doen."

Dus stapte Joling uit De Toppers. Een megaprobleem, want wie moest hem vervangen? De Toppers, dat waren Joling, Froger en ik.

We regelden een spoedvergadering bij René thuis. Ik had maar één naam die bij me naar boven kwam. Een man van wie ik wist dat hij zo blij als een kind zou zijn als we hem zouden bellen: Jeroen van der Boom. Dat heb ik voorgesteld.

Froger zei: "Dat vind ik een heel goed idee."

Ik vond het ook echt een leuke man, ik moest altijd om hem lachen, dus ik belde hem direct op.

Hij was helemaal ondersteboven. Hij verafgoodde ons, hij had volgens mij zelfs een *crush* op René, die vond ie helemaal geweldig.

We waren ontzettend opgelucht en het leek allemaal superleuk: we konden verder met De Toppers én we konden meedoen aan het Songfestival. Natuurlijk was het wel spannend of het allemaal zou lukken, want Van der Boom was geen Joling.'

IV.

'De maanden vorderden en er moesten liedjes worden geschreven voor het Songfestival. Iedereen kon meedoen, alle auteurs van Nederland. Dat wilden we graag: een grote, nationale finale. Groot orkest erbij, prachtig.

Ik had zelf een heel gaaf liedje geschreven: "Shine". Maar ik wilde het niet als mezelf insturen, want ik wist dat die gasten dat nooit zouden trekken. Dus stuurde ik het in onder een pseudoniem: Ger van de Westerlaken.

Op een gegeven moment zaten we bij René in de tuin al die liedjes te beluisteren. Er waren meer dan tweehonderd inzendingen en er bleven er uiteindelijk twintig over, waaronder "Shine".

Wie is die gozer, vroegen we ons af, want ja, wat een topnummer.

"Ja, nee, natuurlijk," zei ik, "ik vind het ook wel heel goed. Mooi hè?"

Uiteindelijk zat het nummer bij de laatste zes. Het lag op het puntje van mijn tong om het te zeggen, want ik was natuurlijk zo trots als een pauw. Maar ik deed het niet.

Dus die Ger van de Westerlaken moest gebeld worden. Ik heb het nummer van een vriend gegeven en hem gezegd: "Mocht je gebeld worden dan ben jij Ger van de Westerlaken. En dan zeg je dat je liever niet in de publiciteit komt."

Dat geloofden ze ook allemaal. Wat een giller.

Hij was heel vereerd, natuurlijk, die Ger.'

'In de finale van het Nationale Songfestival won "Shine" met overweldigende meerderheid. Ik was totaal overdonderd. Tweeënzeventig procent van het publiek had gekozen voor "Shine", de rest was voor een ander nummer: "Angel Of The Night". Ik was in alle staten. Ik heb die microfoon gepakt en ik zei: "Jongens, ik moet jullie toch even wat vertellen, ik heb dit liedje geschreven."

Ik zal die koppen van Froger en Van der Boom nooit vergeten. Je had ze moeten zien. Ze begonnen heel erg te lachen, maar ik wist gewoon dat ze dat heel kut vonden.

Dat andere nummer, "Angel Of The Night", zouden we als tweede nummer uitbrengen, maar dat werd ineens gedaan door Joling. Die ging er onverwachts met dat liedje vandoor. "Engel van mijn hart", werd dat, het is een heel grote hit van hem geweest. Achter onze rug om. Geschreven door Edwin van Hoevelaak, die het achter onze rug om aan Joling verkocht, terwijl ze allebei wisten dat wij het als tweede single wilden opnemen.

Welkom in de slangenkuil. Weer genaaid.'

Genaaid of niet, de pers smulde ervan. Net als van de klap die daarop volgde: De Toppers kwamen niet verder dan een zeventiende plaats in de halve finale, in Moskou. Roemloos ten onder. Toch zit Gordon daar niet mee: 'Als je meedoet, weet je dat zoiets kan gebeuren, dat hoort erbij.'

Wat hem destijds meer dwarszat, was zijn toenmalige manager, Xenia Kasper – die onder anderen ook Linda de Mol vertegenwoordigt. Over haar heeft hij een duidelijke mening. 'Het probleem met Xenia is dat ze geen leuk mens is. Ze is niet aardig. Daarom ging het mis, want ik wil niet dat mijn visitekaartje naar de media een negatief beeld schept. Of dat iemand onvriendelijk doet als het niet hoeft. Mirjam, mijn huidige manager, is een schat van een vrouw. Ze is lief, soms iets te lief, maar dat vind ik prettiger. Veel mensen in mijn omgeving hadden een hekel aan Xenia en dat vond ik niet goed voor mijn carrière.

In Moskou barstte de bom. Ik had het daar ontzettend naar mijn zin, wilde een leuke tijd hebben, maar zij snauwde iedereen af die bij mij in de buurt kwam. Zeg, hou op, ik ben Michael Jackson niet, doe even normaal. Ik vond dat heel vervelend. Ze zou die dag mijn kleren voor me klaarhangen, maar op het moment dat ik ze wilde pakken waren ze er niet. Ik vroeg haar wat er mis was gegaan. Ze zei: "Dat heb je niet aan me gevraagd." Ik ontplofte. Het ging natuurlijk nergens over, een ruzie over een futiel onderwerp als dit, maar het was gewoon de druppel die de emmer deed overlopen. Ook omdat ze daarna ontzettend tekeerging tegen andere mensen; het was iedereens schuld, behalve die van haar. Daar kan ik dus echt niet tegen. Ik heb haar gezegd dat ze op kon rotten, dat ze weg moest wezen uit Moskou. Ik heb haar aan de kant gezet, dus, en niet andersom – zoals ze zelf later in de media beweerd heeft. Ik heb haar daarna bijna nooit meer gesproken. Als we elkaar zien, zijn we beleefd en vriendelijk, ook omdat we verder in principe best een leuke tijd hebben gehad.'

Exit Xenia, *enter* Gerard Joling. Want hoewel De Toppers het ronduit slecht deden op het Songfestival, bleef het concept onverminderd populair. Zozeer dat Joling besloot terug te keren. 'Gerard kwam terug, ja, want hij miste natuurlijk de pecunia. En heel eerlijk: wij verkochten met Jeroen maar twee concerten uit, waar we er normaal twee keer zoveel deden. Dus waren we ineens met z'n vieren en ik kreeg steeds meer een onbehagelijk gevoel bij Jeroen van der Boom. Niet onterecht, bleek later. Ik bleek zelf het paard van Troje binnen te hebben gehaald.'

'We repeteerden altijd in Almere. Daar werkte een meisje bij de catering dat ik heel goed kende van de Wisseloord Studio's in Hilversum.

Op een avond belde ze mij. "Schat, ik moet je wat vragen. Hoe kun jij nog met die mensen werken?"

Ik had werkelijk geen idee waar ze het over had. Ze legde me uit dat de jongens elke keer als ik weg was ontzettend lelijke dingen over me zeiden. Ik vroeg haar wat er dan precies gezegd werd en dat was echt heel erg naar; ik was een klootzak, een narcist, dat soort dingen.

Ik was ziedend, dit was zo intens gemeen. Ik heb direct een berichtje gestuurd naar mijn "collega's": "Waarde heren, ik hoor net dat jullie altijd zo leuk over me spreken als ik weg ben. Moeten jullie me niet iets vertellen?"

Ik kreeg gelijk een berichtje terug van René: "Wat bedoel je?"

"Jij weet donders goed wat ik bedoel."

"Ja, nee, maar we zeggen allemaal weleens wat."

"Die vlieger gaat niet op vriend. Ik weet het goed gemaakt: dit is mijn laatste keer. Ik hoef jullie nooit meer te zien."

'Gerard belde direct na mijn sms'je op. Dat meisje had gezegd dat het gemene gelul van René en Jeroen kwam, dat Gerard daar niet aan meedeed, maar het was klaar voor mij. Hoe kon ik nog op het podium staan met mensen die zo over mij praten en denken?

Jeroen had dankbaar moeten zijn, me op zijn blote knieën moeten bedanken. Ik was het nota bene die hem bij De Toppers had betrokken. Maar hij deed lief en aardig in mijn gezicht en stak vervolgens een mes in mijn rug. Net als Froger. Net als Joling, eerder. Zo voelde het voor mij in ieder geval. Hij had ook geen weerwoord, voor zover ik me herinner.

Natuurlijk heb ik de afweging gemaakt: laat ik dat geld liggen? Maar dat was het voor mij niet meer waard.

De volgende dag heb ik tijdens de repetitie gewoon mijn liedjes gezongen. Ik ben erboven gaan staan. Zij dachten dat ik blufte. Zij dachten: die gaat niet weg.

Maar ik zei: "Zorgen jullie nou maar dat je bloemen klaar hebt staan, want ik maak straks een ererondje en ik kom nooit meer terug."

En zo is het gegaan. Ze hebben daarna onmiddellijk mijn gage verdeeld. Dat was het eerste waar Gerard het over had, de geldwolf. Ze kregen er ieder dus een flinke smak geld bij, per avond. Ik hoop dat ze er heel gelukkig van zijn geworden.'

'Het is wel zo dat het gevoel dat ik bij De Toppers kreeg… dat heb ik nooit meer kunnen evenaren. Zoveel warmte, zoveel waardering van het publiek. Dat maakte het des te pijnlijker dat ik ermee moest stoppen. Ook vanwege het geld, die poen mis ik nog steeds. Het is een van de redenen geweest dat ik twee jaar geleden bijna failliet was. Maar ik ben er heilig van overtuigd dat ik de beste beslissing heb genomen, want ik trok het niet meer. Ik moest voor mezelf kiezen.

Ik heb nog wel een tijdje met de gedachte gespeeld om een nieuw soort Toppers op te richten, samen met een paar leuke mensen. Maar ik kreeg al jeuk bij de gedachte aan al het gezeik dat ik dan weer over me heen zou krijgen. Ik kan het niet meer aan. Het is afgesloten, dat hoofdstuk, De Toppers.

Niet alleen voor mij, want het is sowieso niks meer, ze deden het afgelopen jaar maar twee concerten. Het is voorbij, ik vind dat De Toppers *over the hill* zijn. Het is nooit meer zo leuk geweest als toen Gerard, René en ik het deden. Het is nu verworden tot een ordinair mee-zingfestijn met hoempapa en polonaise. Dat ben ik niet. Gerard trouwens ook niet, die stond volgens mij ook tegen heug en meug te zingen. En Jeroen van der Boom was nooit een Topper en zal dat ook nooit zijn. Het was een noodgreep van René en mij om de groep te redden en om het Songfestival te kunnen doen, maar door het grote publiek is hij volgens mij nooit als Topper gezien. Al denkt hij vast van wel.'

'Ik zie Blushing als mijn grote overwinning op De Toppers. Daarmee heb ik ze voor hun bek geslagen. Ik heb heel hard moeten werken om dat financiële gat op te vullen. De eerste twee jaar lukte dat wel, ik had een buffer. Maar daarna… Ik heb het echt moeilijk gehad, heel moeilijk. Maar ik ben er weer en ik weet inmiddels wat ik waard ben, wie ik ben, wat ik kan en wat ik wil. Ik heb mijn eigen bedrijf, ben niet meer afhankelijk van Hilversum, van De Toppers, van niemand, ik ben financieel onafhankelijk. Ik heb met niemand meer rekening te houden, ik hoef tegen niemand dankjewel te zeggen.'

DE ONDERNEMER

Het ziet er niet naar uit dat hier over een week een derde vestiging van Blushing opengaat. Gordon lijkt hetzelfde te denken. Hij is stiller dan normaal, zorgelijker, lijkt het. We staan in een enorm pand aan de Rotterdamse Coolsingel. Overal lopen bouwvakkers, overal stof, bouwmateriaal, troep en op de radio – o toeval – galmt een oud Re-Play-nummer.

'Gaat dit wel lukken?' vraagt Gordon zich hardop af.

'Ja, joh, natuurlijk,' zegt de aannemer, 'alles komt goed. Maak je geen zorgen.'

Gordon blijft er ondanks de positieve houding van de mannen die de leiding hebben een hard hoofd in hebben. 'Weet je wat het is,' legt hij uit tijdens de lunch in het Hilton, schuin tegenover de locatie waar een week later inderdaad zonder problemen de deuren van een nieuwe loot aan Gordons succesvolle koffie-imperium opent, 'het is allemaal eigen geld.'

Hij fluistert bijna, alsof hij zich ervoor schaamt: 'Er is geen investeerder. Blushing is van mij, ik betaal alles zelf. Dus als ik zie dat er nog zoveel moet gebeuren terwijl er volgende week een openingsfeest staat gepland, ja, dan word ik een beetje nerveus.'

Fast forward naar een paar maanden later. We zitten in de auto, Gordons gloednieuwe Mercedes. Hij is even helemaal klaar met de Amerikaanse wagens die hij de afgelopen jaren heeft gereden. Te veel plastic, altijd gedoe en laatst was hij twee keer bijna te laat op een afspraak omdat de accu op onverklaarbare wijze 's nachts leegliep. *No more.* Het moet goed zijn, de spullen die hij heeft. Hij gaat voor het beste. Niets minder. Vandaar ook, zegt hij, dat er nu toch een investeerder is.

'Mijn Operational Manager ging ervandoor, vanuit het niets. Ik was te goed van vertrouwen, geloofde het wel. Ik heb nu twee jongens, Chris en Patrick, die sturen de winkels aan. Dat doen ze samen met de andere Patrick, mijn ex, en het loopt als een trein nu. Zonder Patrick was het bedrijf sowieso al omgevallen. Nu wordt het alleen maar groter. Ik ben in onderhandeling voor mijn eerste drive-throughrestaurant, langs de A4, ik heb een financier gevonden die wellicht wil investeren. We hebben al een locatie in Groningen te pakken, in Den Haag ook, en het idee is om binnen nu en vijf jaar twintig Blushings en zes wegrestaurants in Nederland op te zetten.

Ik heb het niet meer in eigen hand, nu, maar dat soort miljoenen heb ik gewoon niet. Die investeerder wel en met dat geld ga ik hopelijk weer geld maken. Fantastisch, heel spannend. Heel eng ook, want het is wel mijn toekomst, hè, mijn pensioen. Ik heb altijd heel veel geld verdiend met zingen, maar dat is in de laatste jaren geminimaliseerd. En met De Toppers verdiende ik helemaal lekker, maar ja, dat hield ook op. Dus Blushing nemen ze me niet meer af. En dat heb ik met mijn eigen handen gedaan. Ik ben er de laatste tijd echt dag en nacht mee bezig. Het wordt echt groot. Dit is geen kattenpis.'

Gordon zingt een paar regels van een oud nummer. De stem mag wat klappen hebben gekregen in de afgelopen decennia, net als Gordons ego, het geluid is nog altijd overdonderend. Een paar kilometer asfalt verder zegt hij: 'Ik wil het uiteindelijk wel verkopen. Over een jaar of vijf. Ik zal altijd wel het gezicht willen blijven, mee willen denken over het neerzetten van het product, maar ik wil niet meer zo hard werken. Schat, je leeft maar een keer. Ik blijf geen vijftig. Ik wil in de bloei van mijn leven nog even genieten.'

Het ondernemerschap heeft Gordon van zijn vader. 'Die man heeft zoveel dingen gedaan... Hij vond, net als ik, heel veel dingen leuk. Dat heb ik van huis uit meegekregen. Ik was bovendien altijd bang dat mijn carrière ineens afgelopen zou zijn. Dit is niet voor altijd, dat gevoel zat diepgeworteld. Zeker in het begin had ik het idee dat het zomaar op zou kunnen houden, dat de mensen me beu zouden worden, me zouden vergeten.

Daarnaast haalde ik te weinig voldoening uit het zingen. Zingen was mijn grootste talent, dat is het nog steeds, maar het ging ook het gemakkelijkst. Ik deed mijn mond open en dan kwam er dat geluid uit; daar hoefde ik verder niks voor te doen. Dat geeft dus geen voldoening. Ik wilde iets doen, iets opbouwen. Natuurlijk heb ik het merk Gordon wel opgebouwd, dat is ook een heel bedrijf geworden inmiddels, maar ik wilde iets erbij.

Het eerste wat ik verzon, buiten het zingen om, was

een eigen wijn. Dat was in 2004. Er kwam een man naar me toe die vertelde dat hij fantastische wijnen uit Zuid-Afrika had. Het leek hem een goed idee om de Cape Gordon uit te brengen. Leuk! Wijnen proeven, het etiket ontwerpen, kijken bij het wijnhuis dat mijn wijn produceerde, geweldig toch?

We hadden gelijk een deal met supermarktketen c1000, die wilden mijn wijn verkopen. Ik had een introductie geregeld in het Blakes Hotel in Amsterdam met de Zuid-Afrikaanse ambassadeur, Priscilla Jana. Zij was inmiddels een goede vriendin van me geworden, omdat ik door de jaren heen zoveel had gedaan ter promotie van het land...'

De blik gaat op weemoedig. Zoals elke keer als Gordon over Zuid-Afrika praat. Hij was er voor het eerst in 1992. 'Ik had daar ineens twee hits: "Kon ik maar even bij je zijn" en "Ik hou van jou". Dus mijn platenmaatschappij daar, Transistor Music, haalde mij naar Johannesburg. Ik was drieëntwintig en ik ging erheen met Willem Dubois, mijn toenmalige manager. We vertrokken de ochtend na de Bijlmerramp. Ik heb dat vliegtuig neer zien gaan vanuit het appartement waar ik toen woonde. Ik stond te strijken. Ik zag: dat gaat niet goed, dat vliegtuig staat in brand. Ik hoorde een klap, niet normaal. Alles trilde. Heel heftig. En de volgende ochtend moest ik met precies zo'n Boeing 747 naar Johannesburg. Maar goed, we gingen en ik wist niet wat me overkwam. Ik werd er ontvangen als een superster. Met limousines, rode lopers, alles, ik zat in tv-programma's, fantastisch vond ik het.

Een jaar later ging ik weer, ditmaal niet naar Johannesburg, maar naar Kaapstad. Ik landde daar, midden op de dag, stapte uit en het voelde alsof ik daar eerder was geweest. Reïncarnatie, dat gevoel. Ik zal natuurlijk wel slavendrijver zijn geweest, dat bange vermoeden heb ik, maar het was hoe dan ook liefde op het eerste gezicht.

Op dat moment besloot ik: ik wil hier niet bekend worden. Ik heb alle promotie gestaakt. Direct. Het was in Nederland al zo'n gekkenhuis, dat wilde ik daar niet. Ik wist dat het mijn tweede thuis zou worden.

Ik heb daar zulke intens gelukkige jaren meegemaakt met mijn ex, Patrick. We kochten er een huisje, in Sea Point, en later nog op twee andere plekken. Ik heb die huizen ook weer verkocht, allemaal, omdat het uitging met Patrick en de herinneringen te pijnlijk waren. Had ik nooit moeten doen, maar tegelijkertijd hebben mensen er geen idee van hoeveel dat kost, zo'n huis in het buitenland. Zeker als je er maar heel weinig bent. Als je met pensioen bent, ja, dan is het leuk, maar nu is het nog te vroeg. Maar ik ben daar nog steeds zo intens gelukkig, elke keer weer. Ik weet zeker dat ik daar oud word. Ik ga daar sterven.'

Alleszins een logische keus, dus, Zuid-Afrikaanse wijn, zou je denken. 'De media-aandacht was enorm. De mensen renden bij wijze van spreken naar de winkel om die flessen te halen. De eerst paar weken ging het fantastisch goed, maar daarna had de C1000 zoiets van: je krijgt onze schapruimte, maar die kunnen we ook invullen met onze eigen wijn. Dus na een paar weken gooiden ze ons eruit. Einde verhaal. Weg investering.

René Froger was trouwens zo dol op die wijn, die heeft

iets van driehonderd dozen besteld; rosé, wit en rood. Volgens mij staat zijn schuur er nog vol mee. Hij was mijn grootste klant. Het zou zomaar kunnen dat ik hem heb gevoed in zijn voorliefde voor drank... Maar serieus; het was een heel goede wijn en het was een deceptie van hier tot Tokio. Ik was diep teleurgesteld.'

Volgende project: sieraden. 'Er kwam een vent op m'n pad die sieraden ontwierp. Je had die Buddha to Buddha-armbanden, die waren toen helemaal in. Dat leek mij ook wat, dus ik ben met die man gaan zitten en heb uiteindelijk mijn eigen sieraden ontworpen. Armbanden voor mannen, kettingen, ringen, direct een webshop opgestart. Hartstikke leuk, maar ook dat kostte weer een vermogen. Ook omdat het geen afzetwaarde heeft. *What was I thinking*, toch? Hoe kon ik zo dom zijn?'

Hij antwoordt zelf: 'Het is toch die nieuwsgierigheid, dat creatieve proces van het ontwerpen, bezig zijn met iets en met trots laten zien aan mensen: "Kijk, dit kan ik ook." Dat heb ik altijd in me gehad. Mensen hebben toch dat vooroordeel: Gordon is die domme jongen van de markt, die sukkel uit Amsterdam-Noord. Ik wil bewijzen dat dat niet zo is. Dat gevoel heb ik altijd heel sterk gehad.

Dat ik kon zingen, dat wist iedereen wel, maar zelfs daar wordt lacherig over gedaan. Het doet mij oprecht pijn als mensen voor de gein vragen: "Je gaat toch niet zingen?" Dat is er een beetje in geslopen, mede doordat Gerard Joling dat altijd zegt.

Daar sta je machteloos tegenover, want je gaat niet zeggen: "Hoezo niet, ik kan heel goed zingen!"'

De duurste misser kwam daarna: een eigen kledinglijn. 'By Gordon heette die. Ook daar ging ik weer met zoveel overtuiging in. Ik wilde het compleet hebben, alles. Ik zou in eerste instantie alleen spijkerbroeken maken, maar daar kwamen al snel T-shirts, riemen en schoenen bij. Ik had zulke gave ideeën voor die T-shirts en schoenen... Ik liet ze bijvoorbeeld maken met van die steentjes erop. Dat zie je nu aan de lopende band, maar toen had iedereen zoiets van: "Hoe durf je, hoe kun je, dat is toch geen gezicht." Ik liet heel gave T-shirts maken met Nelson Mandela erop, met Bill Clinton. Pilotenshirts met epauletten... Het zag er allemaal zo gaaf en stoer uit.

Voor de presentatie regelde ik een modeshow. Alleen dat kostte me al een ton, maar het leek wel alsof we in Parijs waren, zo goed was het. Ruud Gullit liep mee in de show, Winston Post, Winston Gerschtanowitz. Prachtig.

Ik had zelfs een kantoor geopend in Laren, met een prachtige showroom, en er waren zeventig verkooppunten in Nederland. Maar ook dat ging mis. Als je een kledinglijn ontwikkelt, moet je namelijk zodra die op de markt is de volgende collectie al zo'n beetje klaar hebben. Dat gebeurde niet. Ik verkocht alles van de eerste collectie en toen was het op. Er was geen vervolgvoorraad. Ik ben gek op fashion, maar in die wereld werken is wel een heel andere materie dan ik gewend ben.

Dat hele gebeuren heeft me acht ton gekost. Ik heb nog een van die broeken ergens in een kast liggen, die heb ik bewaard. Ik zeg altijd voor de gein dat het een broek van acht ton is. Wat een geld... Ook omdat ik mijn broer John directeur had gemaakt. De grootste fout die ik ooit heb kunnen maken. Je moet je familie nooit betrekken bij je zaken. John heeft me destijds echt een streek geleverd. Hij liep alleen maar met de creditcard te zwaaien, had een auto van de zaak, het kon allemaal niet op. Wat een geld heeft me dat gekost. Ook omdat ik alles had geïnvesteerd en hij niks. Maar op papier stond: fiftyfifty. Later zei ik dat ik dat toch niet helemaal eerlijk vond omdat hij geen geld had ingelegd en dat ik er daarom vijfentwintig procent van wilde maken. Dat begreep John helemaal, hij vond het geen enkel probleem, even goede vrienden. Ik ben alleen zo stom geweest om die wijziging niet te laten regelen bij de notaris en toen de boel failliet ging, heeft John me mooi gehouden aan die vijftig procent. Ik kon hem dus nog anderhalve ton betalen. Dat is wat hij claimde, hij hield me aan die oude vijftig procent. Dat geld heeft hij gehad, ja, hij heeft een advocaat genomen en me voor de rechter gesleept. Zijn eigen broertje…'

'Het was heel leuk allemaal, die projecten, maar wat een gezeik heeft het opgeleverd. En wat een weggegooid geld. Ik heb echt miljoenen verloren door verkeerde investeringen. Zo dom van me. Ik heb het nu heel goed, hoor, maak je over mij geen zorgen, maar voor mensen die denken dat ik twintig miljoen op de bank heb staan: dat is niet zo.

Sterker: twee jaar geleden stond ik op de rand van een faillissement. Ik heb alle zeilen bij moeten zetten. Ik had een enorme tegenvaller, belastingtechnisch. Ik ben daardoor bijna al mijn spaargeld kwijtgeraakt, zoveel moest ik betalen.

Hoe dat kan? Ja, hoe kan zoiets… Die dingen gebeuren.

Verkeerde investeringen, verkeerd beleid. En, oké, natuurlijk ook veel te veel geld uitgegeven. Het kon niet op. Zo ben ik nog steeds, maar ik denk wel veel meer na over het feit dat ik ouder word. Dat deed ik eerder niet. Ik vloog rustig in een privéjet naar Cannes. Ik wilde zo kunnen reizen en ik wist dat ik dat kon betalen, dus deed ik het. Nu denk ik daar wel tien keer over na. Achttien ruggen voor een retourtje Cannes? Je vliegt er met Transavia heen voor negenenzestig euro.

Mijn hele familie heeft er een beetje last van, dat makkelijk geld uitgeven. Ook dat zal uit onze opvoeding zijn voortgekomen. Mijn pa was precies zo. Dat heeft zijn weerslag gehad. Weet je nog die winkel in Las Vegas waar Michael Jackson zoveel spullen kocht? Dat zat in *Living with Michael Jackson*, die documentaire van Martin Bashir. Ik ben ook in die winkel geweest. Ik zag die documentaire en ik dacht: dat lijkt me ook leuk om te doen. Dus vloog ik naar Las Vegas, kocht daar in die winkel voor vijftigduizend euro aan meubels en die liet ik verschepen naar Nederland. Vijftigduizend euro aan meubels. In Amerika. Dan ben je toch niet goed? Alleen het verschepen kostte al vijf ruggen. Maar ik heb er geen spijt van. Ik vond het geweldig.'

'Ik heb het goed kunnen regelen, uiteindelijk, maar op papier was ik failliet. Ik was de bietenbrug op. Dat was wel even stress, kan ik je vertellen, dat was niet niks. Ik heb er een hoop slapeloze nachten van gehad. Ik ben heel blij dat ik ongeschonden uit die strijd ben gekomen, en dat ik met Blushing eindelijk een investering heb gedaan die wel gelukt is.

Ik had ook de mazzel gehad dat ik een vermogen verdiende bij RTL. Dat was mijn redding, twee jaar geleden. En ik heb geld geleend bij heel goede vrienden. Dat is inmiddels allemaal keurig netjes terugbetaald en nu ben ik weer helemaal boven Jan. Dat heb ik zelf gedaan. Ik ben gezonder dan ooit, nu, financieel, mede dankzij Blushing. Ik heb vijfenzeventig man personeel, Patrick doet het financiële gedeelte, ik heb iemand voor de dagelijkse leiding en ik ben zelf CEO. Blushing is qua werk momenteel het leukste in mijn leven, het beste wat er is. Ik hoef met niemand rekening te houden, ik doe mijn eigen ding, ik kan alle kanten op. Een Blushing-hotel, een beachclub, misschien zelfs in Zuid-Afrika; alles is mogelijk. Door die zaken heb ik straks een pensioen. Maar twintig miljoen op mijn bankrekening, nee. Was dat maar waar, dan had ik hier niet meer gewoond.'

Met buurmeisje Belinda, 1971

Met 'tante' Corrie, 1970

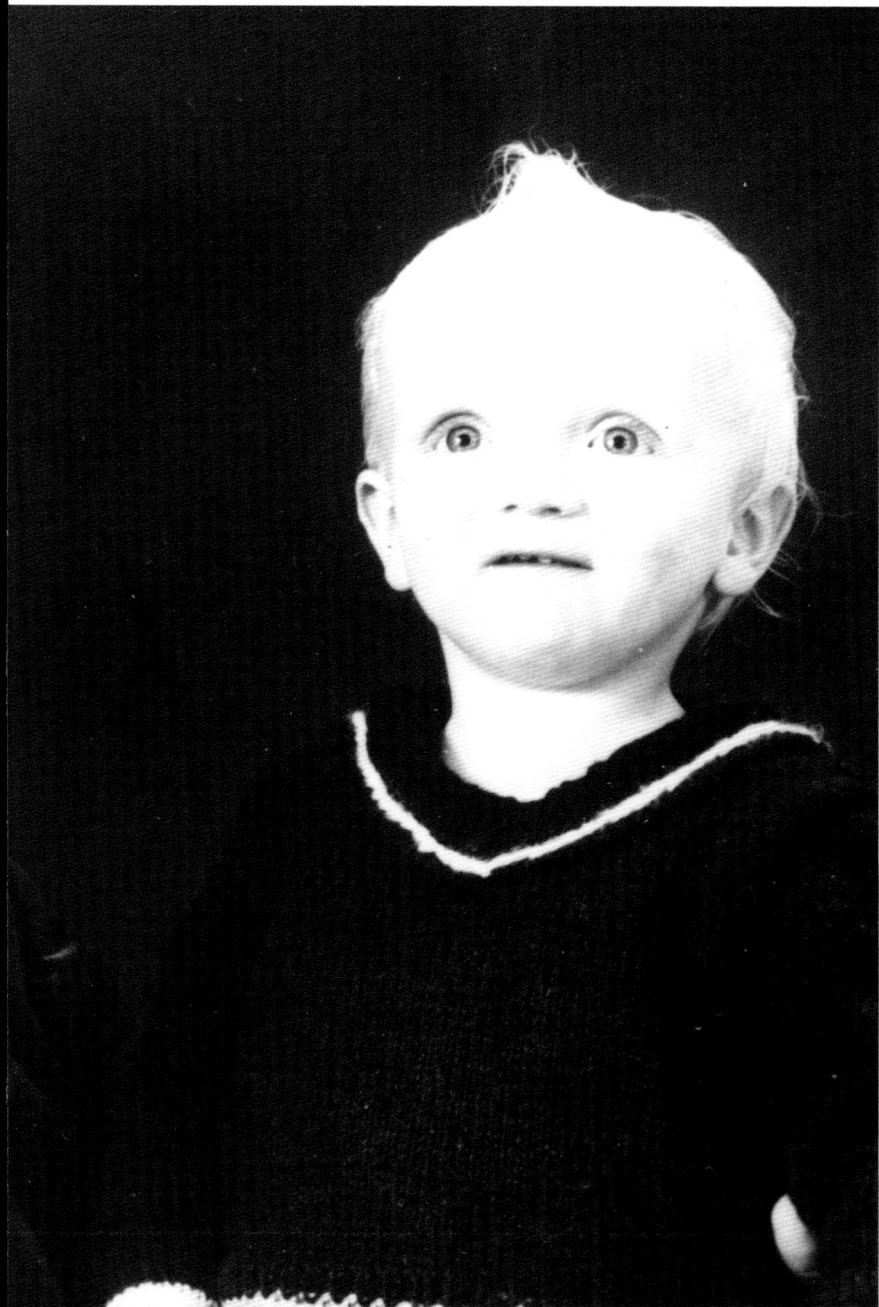

In de Weegbreestraat in Amsterdam-Noord, 1974

Met nichtje Daniëlle op Gran Canaria, 1980

Met vader Joop op Gran Canaria, 1980

Examendiner van de LTS Meeuwenlaan, met vader
Joop en de moeder van Marijn, 1986

Klassenfoto op de LTS (Gordon tweede rechtsboven), 1986

Met Marijn, 1985

Op de dag van de diploma-uitreiking op de LTS, 1986

CORDON HEUCKEROTH

Songfestival Star(t) "86

Dinsdag 17 Juni 20:30 NED 1

De kandidaten van *Star(t) 86* met vlnr Ankie van der Pas,
Jennifer King, Gordon Williams, Caroline Schouten, Lizzy Haslinghuis
en Eddy Becker, 1986

Met Jody Pijper, 1988
© Johan W. Koopmans

Met vader en moeder, 1991 © Hans Hofman

Eerste vakantie met Patrick naar Amerika (Orlando), 1992

In Disney World, 1992

Met Patrick, eerste keer in een limousine, midden jaren negentig

Met vriendin en oud-manager Belinda, 1991

Uitreiking eerste gouden plaat voor 'Kon ik maar even bij je zijn',
met vader, moeder en Gerard Joling

In Kiev met Tineke de Nooij, 1994

Als jurylid in Henny Huismans *Soundmixshow* met
Jacques d'Ancona en Barry Stevens

Eerste keer in Kaapstad, 1994

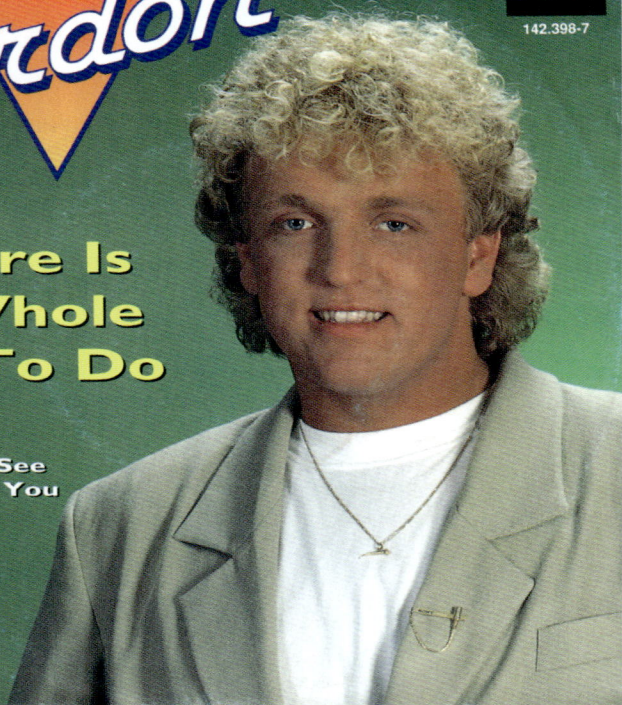

Eerste single ooit, 1990 © CNR Records

DE MINNAAR

I.

We zijn een minuut of drie onderweg van Gordons huis naar zijn koffiezaak in Blaricum als hij het zegt.

'Ik heb toch zo lekker geneukt, vannacht.'

Bijna tussen neus en lippen door, zoals je 's ochtends aan een collega vertelt dat je verkouden bent, te lang in de file stond of een leuke serie op Netflix hebt gezien. 'Godver, echt jongen, niet normaal.'

Hij kijkt me even serieus aan, peilt mijn reactie, ziet mijn ik-ben-net-wakker-man-blik.

De gierende lach volgt.

Het liefdesleven van Gordon. Je zou er een boek over kunnen schrijven. Wat hij in 2010 zelf ook deed: *Over de Liefde, Gids voor het Gebroken Hart.* Het is een verzameling van songteksten, gedichten en – o ironie – tips om met liefdesverdriet om te gaan. Het is de rode draad in zijn leven, de liefde, het is zijn grote verdriet. De keren dat hij verzucht zijn leven te willen delen met een partner zijn talloos, iemand die echt van hem houdt wil hij, iemand die het huisje, het boompje en het beestje met hem wil. Het is niet voor niks dat hij zich zo vol overgave stortte op *Gordon gaat trouwen... Maar met wie?* Een tv-programma, ja, dat weet hij ook wel en hij doet veel, zo niet alles voor de kijkcijfers, maar diep in zijn hart hoopte hij dat de show hem De Ware zou opleveren, de prins op het witte paard, het sprookjescliché.

Tegelijkertijd zou het hem moeite kosten zijn rockster-lifestyle op te geven, mocht die ware zich aandienen. 'Ik ben daar heel dubbel in. Ik wil heel graag dat burgerlijke leven met een lieve man – of vrouw, dat kan ook – maar ik geloof niet in monogamie... En ik houd erg van seks, dat ook.'

Dat is een understatement. Gordon heeft veel seks. Wie ervoor doorgeleerd heeft zou kunnen zeggen dat hij seksverslaafd is.

'Ik denk ook dat ik dat ben,' zegt hij oprecht. 'Ik ben daarvoor ook naar zo'n mental coach geweest, wist je dat? Maar die heb ik uiteindelijk ook geneukt.'

Weer die lach.

Nog harder.

Een geintje, natuurlijk, maar met een bitterzoete ondertoon. Gordons liefdesleven is een issue. In de eerste plaats voor hemzelf, maar ook voor de media en – uiteraard – voor zijn indrukwekkende hoeveelheid exen, van wie er tot nu toe niet eentje die ware bleek te zijn.

'Mijn eerste seksuele ervaring was met een meisje. Ik was zestien. Simone heette ze. Het gebeurde bij Marijn thuis. Marijn, je weet wel, mijn stiekeme, geheime liefde.

Simone was niet het allerknapste meisje van de klas, want daar lag Marijn mee te vozen, de teringlijer. Hij lag met dat mooie meisje, ik wilde met hem, dus dan maar met Simone, want ik moest wat.

Ik vond het wel lekker, dat gevoel, maar het gedoe met

condooms, man man, ik vond het helemaal niks. Seksuele voorlichting had ik natuurlijk nooit gehad. Daar werd niet over gepraat bij ons thuis, net zoals er niet gepraat werd over het misbruik.

Na Simone heeft het nog anderhalf jaar geduurd voordat ik echt seks met een man had. Het was iemand uit de ploeg waar ik mee zwom. We hadden een groepje jongens met wie we zwommen, in het Floraparkbad in Noord. Een van die jongens vond ik heel leuk. Hij had een vriendin, maar ik merkte aan hem dat ie mij ook leuk vond. Ik woonde net op mezelf, op de Motorwal, mijn eerste appartementje. Op een gegeven moment stond hij voor m'n deur. Het zwemmen was afgeblazen en wij zouden samen een filmpje gaan kijken, hadden we afgesproken. Hij had een leuke film bij zich, zei hij. Zo'n heel grote videoband, weet je wel, Betamax of zo. Dat was dus een pornofilm.

"Oké, leuk, zet maar op."

Lang verhaal, kort: dat werd mijn eerste seksuele ervaring met een man. Prachtige vent was het. Op een gegeven moment lagen we in bed, ging hij met z'n vingers zo tegen mijn ballen aan tikken. Pats. Pats.

"Doe eens even normaal joh, wat doe jij nou?"

Hij vond sm leuk.

Godverdomme. Mijn eerste keer… krijg je dat. Sodemieter op man, daar ben ik niet van. Het heeft uiteindelijk een paar maanden geduurd. Zonder sm, overigens.'

'Toen kwam er een heel mooie meid. Heerlijke seks had ik met haar. Blond, zulke borsten. Maar dat meisje was zo beschadigd door seksueel misbruik en ik kon daarover meepraten, dus we kregen vooral een heel intense band. Te intens. Uiteindelijk heb ik tegen haar gezegd: "Ik vind het heel kut, maar ik val op jongens." Zij was daar heel verdrietig over, maar ik wilde het haar niet aandoen dat ik later uiteindelijk toch haar hart zou breken.'

Tot zover, voorlopig, het gescharrel. Patrick kwam namelijk in Gordons leven. Zijn grote liefde. Nog altijd. Ze werken samen, wonen samen, ze delen alles, behalve het bed.

Gordon leerde Patrick kennen toen hij naar een sekslijn voor homo's belde. 'Harry's Gay Box heette dat. Vroeger had je geen internet, je had sekslijnen. Menno Buch is daar rijk mee geworden. Ik belde die lijn vroeger altijd al met mijn broers, om homo's in de zeik te nemen. Zij wisten natuurlijk niet dat ik zelf ook gay was. Kregen we zo'n gast aan de lijn en vroegen we hem heel geil of ie ook van leer hield. Ja, hield hij wel van. "Nou, schat, ik heb nog een driezitsbank staan." Zo ging het maar door. Eigenlijk een soort voorloper van de telefoongrappen die ik later bij Noordzee FM ging doen.

Op een gegeven moment ging ik stiekem zelf bellen en zo kwam ik Patrick tegen. Heel leuke stem, vond ik. Eerst hadden we het over Ajax, over voetbal, om lekker stoer te klinken. Je zat altijd met z'n tienen in zo'n groep, maar als je dan een drie intikte kon je met z'n tweeën apart. Zo leerde ik Patrick beter kennen.'

'We spraken af, uiteindelijk. Je weet natuurlijk helemaal niet hoe de ander eruitziet, dus je gaat jezelf omschrijven. Maar toch, het blijft afwachten. Ik woonde in Amsterdam-Noord boven de Dirk van de Broek. We hadden 's avonds om acht uur afgesproken.

Hij kon het eerst niet vinden. We hadden natuurlijk geen mobiele telefoons. Moest hij naar een telefooncel om uitleg te vragen. Veel gedoe allemaal. Wat een armoe eigenlijk.

Op een gegeven moment stond hij dan toch voor de deur. Ik doe open, ik zie hem staan en ik was helemaal van mijn tenen tot mijn kruin verliefd. Hij is een jaar ouder dan ik, maar iedereen denkt dat ie tien jaar jonger is. De klerelijer. Hij ziet er belachelijk goed uit, nog steeds, en toen helemaal. Het was echt liefde op het eerste gezicht. Zo mooi. Bij hem ook, denk ik.

Ik was een straatschoffie, lang haar, praatte plat Amsterdams. Hij vond dat prachtig, want hij kwam uit Uithoorn. Hij sprak Algemeen Beschaafd Nederlands. Hij heeft me opgevoed, wat dat betreft. Patrick heeft me netjes leren praten; kennen en kunnen, liggen en leggen.'

'Het was een heel intens eerste jaar. Patrick woonde nog bij zijn ouders en een jaar voordat hij mij leerde kennen, is Patricks broer overleden bij een ernstig auto-ongeluk. Hij was met twee collega-militairen op weg naar de basis op de laatste gladde dag in april van dat jaar. Ze klapten tegen een boom. Een jaar ouder dan Patrick, was hij, en echt een kopie van hem.

Die ouders waren gebroken en Patrick zat met dat dilemma; mijn broer overleden en dan moet ik ook nog vertellen dat ik homo ben. Dat was vreselijk voor die jongen.

Hij kon dat niet. Uiteindelijk is hij teruggegaan naar

zijn eerste vriendin. Voor zijn ouders, eigenlijk. Die konden het niet aan dat hij homo was.

Dat was zo'n klap. Ik was zo verliefd op hem, het was desastreus. Ik heb zo'n ontzettend liefdesverdriet gehad. Dat is het ergste wat er is. Mijn hemel. Ik was echt de weg kwijt. Ik heb voor zijn deur gewacht, ik heb posters langs de kant van de weg geplakt met mijn foto erop in de hoop dat ie terug zou komen. Midden in de nacht met een vriendin en een emmer behangplaksel op pad, foto's ophangen bij het busstation waar ie langs zou komen. Ik heb onze namen op de rand van de brug geschreven omdat ik wist dat hij daar elke dag langs zou komen.

Als ik het vertel word ik er weer zo verdrietig van. Ik voel het nog, dat verdriet. Maar als je dat nooit hebt gehad, liefdesverdriet, dan leef je niet. Ik deed er bizarre dingen door. Ik heb hem echt gestalkt, uit radeloosheid. Maar het hielp niet. Hij was onbereikbaar. En dat begreep ik ook wel.

Ik heb daar echt spijt van gehad, maar ik hield zoveel van die jongen.'

'Uiteindelijk leerde ik Ingrid Simons kennen, de moeder van zangeres Eva Simons. Ingrid was achtergrondzangeres bij de Jody's Singers. Ik was negentien en vond haar meteen heel leuk. Een prachtig mooie donkere vrouw – ik val op donker, op brunettes. Ze had al een kind, dus, maar dat kon me niks schelen.

Ik stond destijds op de markt, was daar een gevierde jongen. Ik had lang haar, een mooi lijf, ik zag er goed uit en ik dacht: waarom niet, misschien vinden mijn ouders dat dan ook leuk. Zij vonden het verschrikkelijk dat ik homo was, dus die waren zielsgelukkig, ze vonden het helemaal geweldig. Die dachten: o god, gelukkig, hij is eroverheen.'

'Ik heb een heel leuke tijd gehad met Ingrid. Om mijn ouders tevreden te houden, maar ook omdat we het zo goed hadden samen. Het was een bijzonder leuk jaar. Ze schepte ook altijd op dat ik zo'n grote lul had, dus ik was de koning. Ze heeft het er nog over, kun je nagaan.

Maar op een gegeven moment kon ik het toch niet langer voor me houden. We lagen met z'n tweeën in bed en ik zei: "Ik denk dat ik homo ben."

"O," zei ze, "dat geeft toch helemaal niet. Ik vind het heel moedig dat je het zegt."

Zij was zo lief. Wat een leuk mens. We zijn nog steeds de allerbeste vrienden. Het is nooit een issue geweest. Ik miste haar dochtertje, Eva, natuurlijk wel, die had ik een jaar heel close meegemaakt. Ze is stiekem nog steeds een beetje mijn stiefdochter.'

II.

Tijdens Gordons relatie met Ingrid Simons brak hij door als zanger met 'Kon ik maar even bij je zijn'. Een goed moment, vond hij, om zijn grote liefde Patrick weer eens te bellen. 'Het klinkt misschien gek, maar toen ik op nummer één stond, dacht ik: misschien vindt hij me nu weer leuk. Ik heb hem gewoon opgebeld. Ik had hem een jaar niet gesproken, maar ik was nog steeds straalverliefd op hem. Ik dacht ook dat zijn leven na dat jaar misschien wel anders zou zijn. Het was bij mij veranderd, misschien bij hem ook wel. Ik belde hem op en hij zei, heel enthousiast: "Wat leuk dat je belt." Hij vond het zo goed dat het gelukt was, dat ik was doorgebroken. En: het was uit met zijn vriendin. Net zoals het bij mij ook uit was met Ingrid. We spraken weer af, zagen elkaar en we zijn jaren bij elkaar gebleven.'

'De mooiste jaren van mijn leven waren met Patrick. We hebben samen elkaar ontdekt, het leven ontdekt. We wisten niks, we waren zo bleu. Ik had het nog nooit *all the way* gedaan, qua seks. Dat gebeurde toen; ik met hem, hij bij mij. Voor het eerst hand in hand lopen, op vakantie naar Amerika, allebei in van die afgrijselijke joggingbroeken. We kochten ons eerste huis, we deden echt alles samen. Het was de gelukkigste tijd van mijn leven. Patrick had een baan bij een bank, ik had mijn carrière. We kochten een appartement aan de Jisperveldstraat. Dat was zo'n mooie flat, jongen. Honderdvijftigduizend gulden kostte het, een godsvermogen in die tijd. Vier kamers, tweehonderd vierkante meter, tiende etage, waanzinnig uitzicht. Ik spaarde toen Swarovski-kristal. Zo lelijk, het was verschrikkelijk. We hadden een hond. We waren gewoon een gezin.

Kinderen hebben we nooit overwogen, al hebben we wel een aanbod gekregen van een vriendin. Zij wilde wel draagmoeder worden. Maar we hebben er nooit behoefte aan gehad. Als ik in mijn tv-programma's zie hoe kinderen met hun ouders omgaan als ze oud zijn... Nou, schat, wapen je maar vast, ze laten je rotten als oud vuil in het bejaardentehuis. Daar ben je dan je hele leven goed voor geweest. Ik kom het alleen maar tegen, dat soort verhalen. Vier kinderen en niemand die er over de vloer komt. Ga je schamen.'

'Ik heb in die eerste periode met Patrick alleen maar gewerkt. Ik dronk niet, in die tijd. Tot mijn zesentwintigste heb ik nooit gedronken. We waren vooral aan het genieten. We werden overal uitgenodigd, ik was ineens de bekendste zanger van Nederland. Ik vond het waanzinnig, ook omdat ik het kon delen. Dat kan niet meer. Pat is nog steeds in mijn leven, maar het is anders, nu.

We zijn samen volwassen geworden, hebben alle essentiële dingen meegemaakt die mensen met elkaar kunnen meemaken. Daarom was het zo ontzettend pijnlijk toen het overging. Zoals bij de meeste relaties kwam er na een jaar of zes, zeven een sleur in. Ik was daar in eerste instantie vrij gemakkelijk in. We gingen op seksueel gebied experimenteren. Triootjes en zo. Dan weet je eigenlijk wel dat het het begin van het eind is. Dat hoeft niet hoor, er zijn mensen die dat kunnen, maar bij ons werkte het niet. Mijn leven nam bovendien zo'n ongelooflijke vlucht dat ik de intercity leek en Patrick de stoptrein. En die halen elkaar nooit meer in, die intercity raast maar door. Dat is heftig, om dat te ontdekken. Ik word altijd heel emotioneel als ik over Patrick praat. Die man heeft zoveel liefde in zijn lijf. Voor mij, voor ons. Om dat los te moeten laten, dat was verschrikkelijk. Maar we deden het.

Dat was de tweede keer dat we uit elkaar gingen.'

'Daarna kreeg ik een relatie met een Amerikaanse acteur. Jeff Trachta. Oftewel Thorne Forrester uit *The Bold and the Beautiful*.

Ik moest een gouden plaat uitreiken aan Bobbie Eakes, die ook in *The Bold and the Beautiful* speelde en daar ontmoette ik Jeff. Ik zag die gozer staan, hij mij en dat was direct: "Neuken, nu."

Dat ken je wel, toch? Ik had het gisteren ook met iemand. En eergisteren ook. En de dag ervoor ook. Nee, geintje. Luister. Hij zei: "Waarom kom je niet naar mijn hotel, vanavond, ik slaap in het Marriott, vlak bij het Leidseplein."

Ik was een week van Pat af, we waren net uit elkaar, maar ik dacht: wat kan mij het schelen?

Ik kwam bij het Marriott aan, rond half twaalf 's avonds. De Backstreet Boys bleken ook in dat hotel te slapen. Wist ik veel. Dus er stonden allemaal bakvissen voor de deur. Ik was inmiddels natuurlijk ook hartstikke bekend, alleen in dit soort gevallen vergeet je dat even. Al die meisjes: "Wat doe jij nou hier?" Nou, ik kwam in ieder geval niet voor de Backstreet Boys. Uiteindelijk kwam ik binnen. Ik met Jeff aan de slag. Het was echt fantastisch, maar ik moest ook weer terug, want ik wilde niet blijven slapen. Het was inmiddels vier uur 's nachts, dus ik dacht: nu kan het wel. Haar in de war, kleren verfrommeld. Die meisjes stonden er nog... Wat een ellende.'

'Ik kreeg een relatie met Jeff. Hij was maar eventjes in Nederland, maar we waren zo verliefd op elkaar en het was zo leuk. Hij was zo'n krankzinnig fucking mooie kerel, ook, we wilden meer. Maar er was wel iets met hem. Ik kon niet precies zeggen, wat, maar er was iets.

Hij nodigde me uit in New York, met Pasen. Het zou mijn allereerste keer New York worden. In het vliegtuig kwam ik Unico Glorie tegen, destijds directeur van Endemol, en Roland Snoeijer, nu programmadirecteur bij 100%NL. Zij kunnen dus ook getuigen dat dit echt gebeurd is.

Ik vertelde ze enthousiast over mijn nieuwe vriend, de knappe Amerikaanse acteur. Die jongens waren natuurlijk heel erg onder de indruk, want *The Bold* was toen een megasucces. Niet alleen in Amerika, maar over de hele wereld.

We landden op vliegveld JFK en die mannen lopen met me mee, want ze wilden hem nu ook wel even zien. Dus ik zei: "Prima, stel ik jullie voor, geen probleem."

Wachten, wachten, halfuur, uur. En ik kreeg hem ook niet te pakken, telefonisch.

Godverdomme.

Ik dacht: ik heb een blauwtje gelopen. Ik stond daar met tranen in mijn ogen. Unico en Roland vonden het zo erg voor me, maar ik voelde me vooral zo verschrikkelijk stom. Ik had enorm hard opgeschept over hoe lief en fantastisch Jeff voor me was. En nu dit, nu kwam hij niet opdagen.

Ik wilde direct naar huis. Mijn hart was gebroken.

De jongens wilden nog van alles voor me regelen. "Kom bij ons slapen, het maakt niet uit, blijf in New York."

Maar ik wilde niet meer, ik wilde terug.

Nét op het moment dat ik afscheid wilde nemen van de jongens, komt er toeterend een grote zwarte limousine aan. Jeff hing uit het dak. Hij schreeuwde: '*Baby, I'm so sorry! I hate fucking New York traffic! My mobile phone was dead, no battery! I'm so sorry!*'

Maar toen ik hem zag, hoefde hij al niks meer te zeggen, toen was het al oké. Hij stapte die limo uit en kwam net als in *Pretty Woman* op me af gerend... Och man... helemaal... mijn hart... Ik heb zo hard moeten huilen.

Hij was gewoon anderhalf uur te laat. An-der-half uur. Maar hij deed de deur van die limo voor me open en die wagen stond helemaal vol met paashazen, ballonnen en in het midden een pan met chocoladefondue. Met slagroom, met aardbeien. Er was champagne. Alles. Helemaal over the top.

Jeff zei: "Ik ga je deze stad laten zien op de meest waanzinnige manier mogelijk. Ik ga het goed met je maken."

We reden richting Manhattan. Hij deed het dak open, ging staan en zei: "Kom, kom naast me staan."

Zo zag ik Times Square voor het eerst, met hem, terwijl hij me een aardbei met chocolade voerde en me daarna de beste zoen gaf die ik van m'n leven heb gehad. Als ik dit vertel, word ik weer gelukkig. Ik kwam uit die relatie met Patrick, na zes, zeven jaar. Dat was heel moeilijk, ik moest hem achterlaten, maar toen, op dat moment, leefde ik in een roes. Hij stelde me voor aan allemaal mensen, aan actrices uit *The Golden Girls*, waar ik dol op was. Bea Arthur, Betty Wright, aan vrienden van hem. Ik ben op de set van *The Bold* geweest, in Los Angeles, ik heb John McCook leren kennen en die gozer die Ridge speelt, Ronn Moss.

Maar ik bleef dat gevoel houden: er is iets heel vreemds met hem.'

'Ik reisde in de periode die volgde veel heen en weer tussen Nederland en Amerika, want we zijn een tijd bij elkaar gebleven. Ik heb uiteindelijk zelfs vier maanden in Los Angeles gewoond, maar op een gegeven moment wilde ik verder met mijn eigen carrière. Ik kon die niet zomaar opgeven. We hadden het alleen zo vreselijk leuk. Het was een droom, laten we wel wezen. Dit was Hollywood, man, ik kwam op feesten en partijen, werd overal geïntroduceerd. Fantastisch, maar ik begon mijn eigen carrière steeds meer te missen. Dus ging ik terug naar Nederland. Het idee was dat we dan heen en weer zouden gaan reizen. Maar een langeafstandsrelatie, ja, je weet het wel.

Op een gegeven moment kwam Jeff weer eens naar

Nederland. Ik kreeg het idee om ergens heen te gaan waar ze ons niet kenden, iets anoniems, want we werden gek van al die fotografen. Hij zei: "Dan gaan we naar Brugge, daar is het niet zo erg."

Nou, schat, dat was nóg erger. Hij was wereldberoemd, die man. Overal waar hij kwam, dus ook in Brugge.

In het hotel ging hij ineens heel raar doen. Hij was afwezig, in zichzelf gekeerd. Ik vroeg hem wat er was. Hij zei dat hij niet wist of ie dit allemaal wel wilde, dat het hem te veel werd.

Jezus, dacht ik, wat gaan we nu weer krijgen, een Amerikaan met *mental issues*. Daar had ik helemaal geen zin in.

Op een bepaald moment ging hij naar de badkamer en dat duurde best lang, dus ik vroeg me af: wat doet ie daar allemaal? Dus ik ging stiekem kijken. Ik doe die deur open en ik zie dat hij iets snuift. Coke, vermoedde ik, want ik had dat nog nooit gedaan of gezien, dus ik vroeg: "Wat doe je?"

Hij schreeuwde: "*Why the fuck are you opening this door!?*" Een totaal contrast met hoe ik hem kende, of dacht te kennen.

Inmiddels weet ik dat je zo kunt reageren als je bepaalde middelen gebruikt, maar ik was bleu in die tijd. Nog steeds, ja. Ik dronk inmiddels dan wel een borrel, maar ik had nog nooit drugs gedaan. Mijn eerste aanraking met drugs had ik op mijn tweeëndertigste pas, dat gebeurde eerder gewoon niet in mijn omgeving. Nou ja, het gebeurde vast wel, maar ik was daar helemaal niet mee bezig, ik was zó gefocust op mijn werk. Gelukkig maar, want ik zie ze nu gaan, die jongens die aan het begin van hun carrière hun hele neus vol duwen. Van die types die denken dat het allemaal wel vanzelf gaat. Maar dat gaat het dus niet.

In ieder geval werd Jeff zo krankzinnig dat hij een of ander voorwerp tegen de badkamerspiegel gooide. Die viel in duizend stukken op de badkamervloer. Ik schrok daar zo erg van dat ik helemaal begon te trillen. Ik wilde zo snel mogelijk weg, ik wilde hier helemaal niets mee te maken hebben.

Ik heb een vriendin van mij gebeld en gevraagd wat ik in godsnaam moest doen. Ze zei: "Blijf rustig, hou hem te vriend, ga niet tegen hem in."

We zijn uitgecheckt, uiteindelijk. Achtduizend gulden schade. Met mijn creditcard betaald. Ik heb alles geregeld met het hotel. Ik wilde weg, voelde me voor schut staan.

Uiteindelijk heeft hij in de auto ontzettend op me in-gepraat. "Sorry, schatje, duizendmaal sorry." Je weet hoe dat gaat. Hij wilde nog met me naar de kust, zei hij, en ik liet me ompraten, dus we reden samen naar Knokke. Daar zou het beter worden, alles zou goed komen.

Anderhalf uur later kreeg hij weer zo'n woedeaanval. Dat niet alleen: hij sloeg me. Ik zat achter het stuur en hij sloeg me gewoon! Keihard. Ik wist niet wat me over-kwam. Ik heb me vermand, ik ben een grote kerel, maar hij was écht groot, nog een kop groter dan ik, een beer van een vent.

Ik zei: "Luister Jeff, we gaan nu terug naar Nederland, je bent een grens overgegaan. Ik zet je op het vliegtuig."

Hij kwam weer tot bedaren, zei weer dat het hem zo-veel speet. Een soort Dr. Jekyll en Mr. Hyde, daar deed het me aan denken. Ik moest nog twee uur terugrijden naar Nederland en hij bleef die uren alleen maar op me inpraten. Dat hij het niet zo bedoeld had, sorry, duizend keer sorry. Maar vijf minuten voordat we op Schiphol waren, sloeg zijn bui weer compleet om.

Ik heb gas gegeven, mijn auto pal voor de ingang gezet, ben eruit gesprongen, heb hem uit de auto gesleept, op straat getyft, z'n koffers naar zijn kop gegooid en ik ben weggereden.

Ik heb hem nooit meer gezien of gesproken.'

Opvallend is dat Jeff Trachta de enige bekende 'flirt' is waar Gordon over wil praten. Met een reden. 'Hij is Amerikaans,' legt hij uit, 'dus hij leest dit boek toch niet. Bovendien heeft hij zich verschrikkelijk gedragen, en dat weet hij maar al te goed, dus het interesseert me ook geen flikker wat hij ervan vindt.'

Over andere bekende mensen, Néderlandse bekende mensen, met wie hij volgens diverse media seks zou hebben gehad, praat hij niet. 'Nee, dat vind ik niet chic. Zo zit ik niet in elkaar. Patricia Paay deed dat in haar boek wel, maar ik vind dat onzin. Wat heb je daar nou aan? Ik vertel het weleens en passant aan mijn vrienden, dat ik met een bekend iemand heb geneukt, het is geen staatsgeheim, maar ik ga het niet openbaar maken in dit boek of in de media. Daar breng ik mensen mee in de problemen. Dat wil ik niet.'

III.

Na het dramatische einde van zijn relatie met Jeff Trachta wilde Gordon het toch nog eens proberen met Patrick. Voor Patrick gold hetzelfde. Tegen beter weten in, weet Gordon nu. 'Hij had me die ruimte gegeven en nu ontving hij me weer met open armen. We hebben het echt geprobeerd. Echt. Maar in 2000 hebben we de knoop definitief doorgehakt. Het ging niet meer.

We woonden inmiddels in Blaricum, waar ik nu trouwens al langer woon dan ik ooit in Amsterdam heb gewoond. Patrick kwam binnen en ik zag direct dat het niet goed met hem ging.

Hij zei: "Ik kan dit niet meer."

Toen hebben we elkaar vastgehouden en heel hard gehuild. Zo heftig. Maar hij had gelijk; we leefden langs elkaar heen, als broertjes. Dat is natuurlijk niet de bedoeling. Het was niet goed.

Ik houd zielsveel van Patrick, maar het probleem was – en is – is dat hij heel indolent is. Hij heeft niet het vermogen om dingen te ondernemen, initiatief te nemen, iets te verzinnen. Ik ben natuurlijk wel iemand die daar dominant in is en het voortouw neemt, maar het is ook wel leuk als je partner eens zegt: "Vanavond gaan we dit of dat doen, hou jij een keer je smoel, ik verzin het nu eens." Dat heeft hij nooit gehad. Hij wilde een beschermd leven: negen-tot-vijfbaan, vast salaris. Dat is niet erg, maar dat is totaal anders dan wie ik ben. Net als met zakendoen, hij vindt dat doodeng. Nu werkt hij bij mij en merk ik dat hij snel beren op de weg ziet: "Straks gebeurt dit, straks gebeurt dat." Zo kom je er niet. Aan de andere kant heeft hij heel andere vermogens, dingen die ik niet heb of kan. Financiën doen kan hij bijvoorbeeld goed en dan is het juist weer fijn als hij heel secuur is en terughoudend.

Hoe ga je dan uit elkaar, als je zoveel van elkaar houdt? Dat is zo heftig. Zo zwaar. Je blijft er onzeker en angstig over, je bent bang om alleen te zijn. Dat loslaten was zo moeilijk dat ik op een gegeven moment besloot dat we echt geen contact meer met elkaar moesten hebben. Dat kon niet, toen. En dat was verschrikkelijk, dat was heel pijnlijk.'

'Ik kreeg een nieuwe vriend. Dat was in 2001, nadat ik een jaar had rondgeslet. Patrick was verhuisd naar Hilversum, ik verloor hem niet uit het oog, maar we hadden geen contact meer. Ik bleef alleen achter in Blaricum en ontmoette die nieuwe jongen op een of ander feest. Prachtige man, maar veel te jong, natuurlijk. Hij was eenentwintig en ik tweeëndertig. Jezus christus. Golfleraar. Uit Apeldoorn. Een van de meest pijnlijke relaties die ik heb gehad. Verschrikkelijk. Tot mishandeling aan toe. Dat kon ik aan het begin echter totaal niet bedenken, wat er allemaal komen zou.

Het eerste halfjaar met hem was fantastisch. Mooie jongen, heerlijk lijf, een lul van hier tot om de hoek.

We gaven feesten in mijn huis, om het leven te vieren. Ik heb voor een bepaald feest zelfs het Hollywood-sign laten namaken en in de tuin gezet. Allemaal witgedekte tafels, obers, een dansvloer in de tuin, het kon niet op. Hollywood in Nederland.

Mijn drieëndertigste verjaardag vierde ik uitbundig. Het voelde als een bevrijding. Eindelijk vrij. Jezus was ook drieëndertig geworden, en je wist het maar nooit. Ik heb altijd tegen iedereen gezegd dat dat jaar het mooiste uit mijn leven was. Tot nu toe dan, want ik vind eigenlijk dat ik er het afgelopen jaar weer overheen ben gegaan.

Patrick was niet uit mijn hart, maar wel uit mijn systeem. Ik had een nieuwe, prachtige vriend. Ik was zielsgelukkig. Althans, dat dacht ik. Totdat het misging.'

'We waren op Curaçao, uitgenodigd door Aad Ouborg van Princess. Irene van de Laar, Inge de Bruijn, er waren allemaal bekende mensen. We waren heel erg dronken die avond, we kregen ruzie en dat mondde uit in vechten. Hij heeft mij met de achterkant van een telefoon bewerkt en sloeg me, heel hard.

Ik werd de volgende ochtend wakker en alles deed zeer. Ik stond op, liep naar de badkamer en keek in de spiegel. Ik was bont en blauw, van top tot teen. Het zag er zo heftig uit dat ik de deur niet uit durfde. Maar ik moest wel. Ik heb lange overhemden en broeken gedragen.

Ik heb het aan een paar mensen verteld en laten zien. Die zeiden: "Je moet aangifte doen, je moet naar de politie."

Niet gedaan natuurlijk. Ik was verblind door verliefdheid en probeerde dingen goed te praten. Dat kan blijkbaar, dat je zo verblind bent, kijk maar naar John, mijn oudste broer. Die is nu voor de twintigste keer teruggegaan naar zijn vrouw; als je verliefd bent, vergeef je alles.

Ik vergaf hem ook. Ik had verlatingsangst. Ik was Patrick kwijt. Ik wilde niet weer alleen zijn.

Het was zo heftig. Ik was zo krankzinnig verliefd op hem.'

'Later kwam ik erachter dat hij verschillende persoonlijkheden heeft. Dat denk ik, in ieder geval. Hij bleek namelijk knettergek te zijn, die jongen. Het ene moment dit, het andere moment dat. Ik lijk dat soort mensen aan te trekken, als ik al mijn relaties op een rij zet. En ik heb daar ook een verklaring voor. Ik ben "het licht" en als je het licht bent, trek je mensen aan die in het donker staan. Ik heb er zelfs een liedje over geschreven: "Loop naar het licht". Je hebt mensen die elke dag een grijze deken over zich heen hebben en die zien ineens een soort gloeilamp; die levenslust, die energie die ik heb, daar willen ze bij zijn, onderdeel van uitmaken. Hang een lamp op en er komen vliegen op af. Die lamp, dat ben ik.'

'Hij begon me vaker te slaan als iets hem niet beviel of als hij kwaad werd. Een keer, in de auto kregen we weer ruzie. Hij krabde mijn gezicht open met zijn nagels. Die wond was zo diep… het litteken is pas sinds kort verdwenen. Ik keek in de achteruitkijkspiegel, zag die wond, het bloed… Toen werd het zwart voor mijn ogen. Ik werd razend. Hij was snel uitgestapt, maar ik zat nog achter het stuur en ik reed achter hem aan. Vol gas. Ik ben door zes voortuinen gereden. Als ik hem voor de auto had gekregen, had ik hem waarschijnlijk hartstikke doodgereden. Het is dat ie opzijsprong, dat is zijn geluk geweest, want ik had hem echt vermoord. Ik was razend door zijn gedrag.

Toen ik weer "wakker" werd en tot inkeer kwam, wist ik: nu is het genoeg.

Toch heeft het nog zeker twee jaar geduurd voor ik daar overheen was, voordat ik loskwam van hem. Hij was mijn ticket naar een nieuw leven. Zo voelde dat. Na Patrick was hij de man bij wie ik dacht: ik heb het geluk weer gevonden. Dat dit zo eindigde, met zoveel geweld en verdriet, dat heeft me heel veel tijd gekost.

Ik heb hem nog weleens gesproken. Hij heeft twee kinderen nu. Een paar jaar geleden kwam ie bij me langs. Ik was op theatertournee met LA The Voices. Het theater was leeg en daar was hij; hij vloog me om mijn nek. "Het spijt me wat ik je heb aangedaan."

Ja, jezus, wat moest ik daarmee?

Iets recenter stuurde hij me nog een berichtje: "Was ik maar bij jou gebleven, zullen we een keer afspreken?"

Wat denk je zelf? Twee kinderen verder, z'n vrouw heeft ie ook verlaten inmiddels. Een nachtmerrie, die jongen.'

Ook daarna volgde een periode van alleen zijn. Twee jaar lang. Tot Gordon viel voor een nieuwe jongen. 'Ik kwam hem tegen op een feest van Nina Brink, waar ik moest optreden. Heel mooie jongen ook, hij leek op Tom Cruise. Jong natuurlijk, alweer: eenentwintig. Ik dacht: ik moet er niet aan beginnen, waar ben ik mee bezig? Maar ja, hij vond mij leuk en ik hem. En zijn vader vond ik ook zo leuk, die was cosmetisch arts. Door die vader ben ik met vlieglessen begonnen. Hij vloog bij Jan van Wonderen, die werd later ook mijn instructeur. Ik wilde dat ook, vliegen. Zo is het begonnen. Ik kreeg daardoor eigenlijk een betere band met zijn vader dan met mijn vriend zelf. Zijn ouders zijn sowieso fantastische mensen. Ik ben dol op ze, zij ook op mij.

Ze waren verrast trouwens, die hadden niet zien aankomen dat hun zoon gay was. Inmiddels is hij dat ook niet meer: getrouwd, twee kinderen. Ik heb dat altijd, lijkt het. Jongens die gay zijn, lijken dat blijkbaar te zien als een modegril. Iets wat tijdelijk is en daarna opeens over is. Ik vind dat dat helemaal niet kan. Als je écht heteroseksueel bent moet je er toch niet aan denken om een lul in je mond te hebben? Daar heb je dan toch geen zin in? Je bent seksueel aangetrokken tot mannen of niet. Dat is een feit. Je kunt niet zeggen: nu ga ik het eens proberen. Dat kán gewoon niet. Je kunt experimenteren, dat gebeurt, maar met deze jongen heb ik twee jaar lang een relatie gehad. We hebben samen ons huis gebouwd. Dat is geen experimenteren.'

'Ook hij heeft me zoveel geld gekost. Omdat hij achter mijn rug om alles met mijn creditcard betaalde. Ik had geen idee. Dat was hier, in dit huis waar ik nu woon. Daar stond eerst een ander huis, maar dat heb ik samen met hem laten slopen.

Ik had met zijn vader samen voor hem een Mini gekocht: zesenveertigduizend euro. Ieder de helft, want hij was jarig, die schat. Die mensen hadden geld als water en ik in die tijd ook, dus wij kochten die auto samen. Hij helemaal in tranen, nee, echt, dat had toch niet gehoeven.

Niet eens zo heel veel later, komt mijn toenmalige tuinman naar me toe. Een heel enge vent. Bah. Maar dat doet er verder niet toe.

Hij zei: "Weet je dat jouw vriend vreemdgaat, met een vrouw?"

Ik dacht: hij? Ik had alles verwacht, maar dat niet.

Ik zei: "Sodemieter op, man, engnek."

Hij zei: "Ik heb het zelf gezien, dat ze bij het zwembad lagen, ik zweer het je."

Maar ik geloofde het niet.'

'We kwamen terug van de reis uit Las Vegas, met mijn moeder. Die fantastische reis. Ik had vrijwel direct erna een boeking staan in Zuid-Frankrijk. Ik zou erheen gaan met een privéjet, maar mijn vriend kon niet mee. Normaal gesproken ging hij altijd mee naar dit soort dingen, maar het was niet anders.

Na een paar dagen kwam ik terug en het eerste wat ik zag, buiten in de tuin: een asbak, twee stoelen, twee glazen. Hoe dom kun je zijn?

Hij stond onder de douche, boven, en ik dacht ineens: eureka, het beveiligingssysteem. Dat hadden we laten installeren. Zijn idee. Je kon de beelden tot een maand terugkijken.

Mijn mond viel open van wat ik zag. Ik was nog geen halfuur weg. Ik was letterlijk net naar het vliegveld en zag op de beelden dat er een auto kwam aangereden. Er stapte een donkere dame uit.

Ik ga niet vertellen wat ik gezien heb, maar die camera's stonden gericht op de tuin, op de jacuzzi; ik heb alles gezien. Daarna liep ik naar de badkamer.'

'"Hé schat!"

"Hé, hoe is het? Heb je een feestje gehad?"

"Feestje?"

"Ja, een feestje. Bij de jacuzzi."

"Nee joh, een vriend van me is langsgekomen."

"Nou, volgens mij niet. Moet jij me niet wat vertellen?"

"Hoezo?"

"Loop maar even mee, ik wil je iets laten zien. Je hebt namelijk je eigen graf gegraven, vriend."

Schreeuwen natuurlijk, en ontkennen, want dat doen ze dan, hè, als ze zich in het nauw gedreven voelen. Hij kleedde zich boos aan, zei dat ie het helemaal zat was.

Toen liet ik hem de beelden zien. "Wat wil je nou, lul," zei ik. "Ga jij een aap leren klimmen? Ben je helemaal gek geworden? Wie denk je wel niet dat je bent, snotneus. En nou uit mijn huis, heel snel, voordat ik hier een moord bega."

Ik heb zijn kleren gepakt, op de oprit neergelegd, lampenolie gepakt en ik heb alles in de fik gestoken. Lekker dramatisch, hè? Ik lach er nu om, maar het was een drama. Voelde me zo belazerd. Ik heb zijn ouders gebeld en uitgelegd wat hij had gedaan. Zijn vader vond het verschrikkelijk. Niemand zag dit aankomen. Hij bleek het al een halfjaar met die meid te doen. Een halfjaar. Hij had het overal met haar gedaan; in mijn zwembad, mijn tuin, mijn bed. Zo vernederend. Ik heb mijn hart uit mijn lijf gekotst die avond.

Ik wilde ook direct die auto terug. Over mijn lijk, dacht ik, die hou je niet. Hij had dat ding net twee weken ervoor gekregen... Maar hij heeft hem niet teruggegeven. Hij heeft 'm snel verkocht en van het geld een fotostudio gekocht. Hij is helemaal opnieuw begonnen. Ik had eerder al allemaal fotoapparatuur voor hem gekocht, omdat ik zag hoe creatief hij was. Hij had bovendien helemaal geen idee wat ie moest doen met z'n leven. Nu zegt hij dat hij jarenlang fotografie heeft gestudeerd. *Zum Kotzen*, want dat klopt niet. Hij heeft nu twee kinderen, niet met die vrouw, maar met een andere. En het erge is dat we zielsgelukkig waren. Althans, dat dacht ik.'

IV.

'Ik was uitgenodigd bij de *TV Show* van Ivo Niehe. Een van de andere gasten was Rita Verdonk, de voorvrouw, destijds, van de vvd. Zij was toen megapopulair. In de kleedkamer van Studio 2 in Hilversum werd ik aan haar voorgesteld. Ik keek haar amper aan, want achter haar stond een heel knappe man.

Ik zei: "Zo, leuk je te ontmoeten Rita, maar wie is dit?"

Het bleek haar persoonlijk adviseur te zijn. Mijn god, wat een leuke meneer. Ik keek die man aan, hij mij: wow, zo gaaf. Ik was net een beetje die ellende van mijn vorige vriend vergeten, dus ik vroeg zijn nummer en of ik het alleen mocht gebruiken voor politieke doeleinden. En ik zei dat ik nog nooit een politicus had gehad. Dat soort flauwe dingen.

We spraken af. We kregen een relatie. Maar ook hij was superstraight, hij had een vriendin.

Schat, ik heb alleen maar dit soort verhalen. Het is mijn grote struikelblok. En het ligt echt niet aan mijn bekendheid, want ik heb het in het buitenland ook. Altijd hetero's. Negen van de tien gevallen: fucking *straight*. Ik heb misschien wel een soort aura, een energie die iets in mensen naar boven haalt. En ik denk dat het ook te maken heeft met het feit dat ik niet het prototype gay ben. Als een man met een man zou gaan, moet hij in ieder geval geen verwijfde gast zijn. Dat ben ik niet. Ik vind het ook oprecht heel erg als mensen me een valse nicht noemen. Ik vind dat verschrikkelijk. Ik ben geen nicht. Een nicht is een gast die met een handtas loopt. En Albert Verlinde, dat is ook een valse nicht.

Hoe dan ook: ik was smoorverliefd op hem. Zo geweldig, jezus, wat was ik gek op die man. Hij was ook heel intelligent. Heel veel mensen denken bij mij direct: jongen uit Amsterdam-Noord, niet zo intelligent. Dat is niet zo. Ik heb heel veel interesses, ik kan een vliegtuig laten opstijgen en landen; dat is geen bullshit, dat is niet makkelijk om te leren. En ik heb dan wel geen universiteit gedaan, maar ik heb heel veel levensbagage.

Hij vond dat leuk. Hij ging alleen maar om met mensen van de universiteit, maar ik was anders. Hij hing altijd aan mijn lippen, dat was zo'n speciaal gevoel. En als hij 's avonds stukken aan het doornemen was voor zijn werk, dan betrok hij me daar echt bij. Ik was al erelid van de VVD, ik had in 1994 meegedaan met de provinciale statenverkiezingen en ik was sowieso een van de eerste artiesten die openlijk uitkwam voor zijn politieke voorkeur. Ik trad ook op voor die club, ik heb twintig optredens gedaan voor de VVD.

Hij schreef de speeches voor Rita. Ik zag haar dus ook regelmatig in die tijd. Leuke vrouw, we raakten zelfs bevriend. Die man schreef de meest fantastische speeches voor haar, ook toen ze het op moest nemen tegen Mark Rutte. Maar ze wilde het altijd op haar eigen manier doen en dat werd volgens mij haar ondergang. Dat was een heftige periode voor mijn vriend, maar mijn leven voelde door en met hem tegelijk stabieler dan ooit.'

'Ik heb het zelf verpest met hem. Ik ben de fout in gegaan. Hij kwam op een gegeven moment beneden uit de slaapkamer, terwijl ik met een andere gozer op de bank seks lag te hebben. Waarom? Weet ik veel, ik was waarschijnlijk zwaar onder de invloed van drank en drugs. Dat gevoel dat je nooit genoeg hebt, dat je altijd meer wil, het euforische gevoel dat je van coke krijgt. Zo stom. Het was geen goede tijd om mij te leren kennen. Blijkbaar was de stabiliteit die hij me toen gaf niet genoeg. Ik wilde meer, ik wilde iets anders. Onrust. Als ik hem nu had leren kennen... Het was zo'n lieve man.

Hij is weggegaan en ik heb hem nooit meer gezien. Zo zonde. Daar heb ik heel veel spijt van gehad. Ik ben een jaar lang ontroostbaar geweest.'

Bent u daar nog? Verder dan, met de Spanjaard. 'Ik leerde hem kennen op Ibiza. Jezus christus, wat een fucking mooie man was dat. Ik had het gevoel dat ik nu eens een gay iemand moest scoren. Nou, dat was hij. Maar hij was zo knap dat ik dacht: dat lukt mij nooit. Ik zag hem bij Bar Angelo, een club, maar kwam hem later weer tegen bij een andere tent in de haven van Ibiza Stad, Destino. Ik ging naar hem toe en zei: "Ik ben Gordon."

Hij stond me aan te kijken, lachte naar me, ook omdat ik nog allemaal mascara op had – we hadden net opnames gehad, ik was verkleed als travestiet. Daar moest hij zo om lachen.

Die gozer had echt de grootste pik die ik ooit in mijn

leven heb gezien. Ik zweer het je. Ik denk dat hij dertig centimeter lang en acht centimeter dik was. Een fucking anaconda. Wat móét je ermee? Die pik bleek later ook zijn ondergang te worden.'

'Ik kreeg een relatie met die jongen. Superleuk, blind van verliefdheid. Een vriendje in Spanje, in Sevilla, heen en weer vliegen, prachtig toch. Ik had daar natuurlijk binnen drie maanden een appartement gehuurd. Het was weer eens fantastisch allemaal. En een heel mooie stad ook.'

Maar ik vertrouwde het niet. Er was iets niet in orde, dat voelde ik.

Een vriendje van me had me ooit geattendeerd op spyware. Dat leek me wel handig, want het voelde gewoon niet goed met hem. Maar ik had natuurlijk geen idee hoe je dat moest installeren, ik ben daar helemaal niet in thuis, ik ben geen deskundige.

Die vriend zei: "Je geeft die jongen een telefoon of een computer waar die spyware al op staat. Eitje."

Mijn minnaar had niks, dus die was met alles blij. Ik gaf hem een laptop en een telefoon, hij blij. Ja, heel achterdochtig van me, maar ik wilde gewoon weten waar ik aan toe was.

We ontmoetten elkaar die keer in Madrid, in een hotel. Ik gaf hem de spullen. Daarna ging hij weer naar Sevilla en ik naar huis. Ik was doodsbang dat hij erachter zou komen. Het leek wel een James Bond-film. Ik zat met bevende handen achter mijn computer, 's avonds, om te kijken wat eruit zou komen.

Ik zag alles: zijn e-mail, zijn toetsaanslagen, al zijn

wachtwoorden… Heel heftig, maar als je iemand niet vertrouwt, is dat de enige manier om erachter te komen of er écht wat aan de hand is.

Ik kon niet geloven wat ik zag.

Op het moment dat ik weg was gegaan, zat hij alleen maar met gasten op MSN Messenger. Om seks te regelen, naaktfoto's te sturen. Hij stuurde naar iedereen foto's van die enorme pik. Maar dat was niet alles.

In de dagen die volgden ontdekte ik een patroon. Hij was lid van een community met gasten die een soort Russisch roulette speelden. Niet met een pistool, maar om hiv-geïnfecteerd te raken. Ik was helemaal in paniek.

Maar het ergste komt nog: in zijn e-mailaccount zag ik allemaal mailtjes binnenkomen van Marc van der Linden, de royaltyverslaggever. Destijds een goede vriend van mij. In die mailtjes liet Marc de Spanjaard weten hoe hij mij echt goed te grazen kon nemen, hoe hij me geld kon aftroggelen, dat soort ellende.

Ik dacht: dit kan niet waar zijn. Ik was achttien jaar vrienden met die man. Achttien jaar. Het moet jaloezie zijn geweest. Waarom doe je anders zoiets? Ik heb die mails nog, heb ze ook aan vrienden laten lezen, maar ik heb er verder niks mee gedaan. Ik kan heel goed vergeven, namelijk. Maar ik zal dit nooit vergeten.

Ik kreeg een waas voor mijn ogen. Ik ben de volgende dag direct naar Sevilla gevlogen. Het was Valentijnsdag, wat een drama. Zes uur 's ochtends, met Transavia, daar gingen we. Een paar vrienden waren mee. Ik ging naar het appartement van mijn Spaanse lover en belde aan. Na tien minuten deed hij open, helemaal gedrogeerd. Ik gaf hem een beuk en duwde hem naar binnen. Er kwamen drie gasten uit de slaapkamer, allemaal onder de tattoos. Had hij waarschijnlijk een kwartet mee gehad. De tafel lag vol met cocaïne. Mijn vrienden hebben me moeten tegengehouden, anders had ik hem nog vaker geslagen. Hij is in zijn onderbroek de straat op gerend, met die grote lul van hem, schreeuwend om de politie. Ik pakte snel mijn spullen, mijn kleren, mijn Louis Vuitton-koffer en – per ongeluk – een tas van hem. Precies op het moment dat wij naar buiten kwamen stond er een taxi in die smalle straatjes van Sevilla. We zijn erin gesprongen en naar het vliegveld gegaan. Ik heb daar met bevende handen gezeten, want ik had hem natuurlijk wel een klap gegeven, een heel harde. Maar wat zou jij doen, als je zoiets overkwam, als je zoiets aantrof? Waarom doen mensen dit?

Eenmaal thuis bleek dat hij in heel Europa geld probeerde af te troggelen van gasten zoals ik. Ik heb een brief opgesteld in het Spaans, met een waarschuwing, en die ik heb ik naar al zijn e-mailadressen gestuurd. Hij is opgepakt, geloof ik, maar ik heb er verder nooit meer iets van gehoord.

Ik heb een halfjaar in angst gezeten dat ik hiv had. Godzijdank bleek dat niet zo te zijn.'

'Mijn hart was gebroken. Alweer. Niet eens zozeer door die Spanjaard, maar toch vooral door wat Marc mij had geflikt. Ja, natuurlijk heb ik hem gebeld. Ik vertelde hem dat vriendjes komen en gaan, maar vrienden… daar heb je er niet zoveel van. Achttien jaar vriendschap. Marc, wat heb je gedaan?'

'Ik ontmoette hem vijfentwintig jaar geleden. Eerst telefonisch. Hij belde me op, hij werkte toen al bij de *Weekend*. Patrick en ik woonden op de Jisperveldstraat. Ik wist niet wie hij was, maar hij stelde zich voor en hij vroeg me of mijn vriendje wel wist dat ik een geheime afspraak had. Op de een of andere manier wist hij dat ik had afgesproken met ene Dennis. Patrick en ik deden weleens triootjes, maar dat wist de buitenwereld natuurlijk niet. En Marc van der Linden wist het nu blijkbaar wel. En die vond het niet zo netjes, dat ik buiten de deur ging neuken. Ik kreeg het wel een beetje benauwd, dus ik legde uit dat Pat en ik dat wel vaker deden en dat het niet echt nodig was om mij daarover lastig te vallen.

Ik raakte met hem aan de praat en vraag me niet hoe, maar het werd een leuk gesprek en hij wilde weleens afspreken. Zo begon onze vriendschap. Ik had direct al zoiets: volgens mij vindt hij mij gewoon leuk. Toen was hij nog niet zo heel dik. Best een knappe jongen om te zien, zelfs, maar niet mijn type.'

'Nu, zoveel jaar later, had ik hem weer aan de telefoon. Nee, hij had het niet zo bedoeld, zei hij, maar het stond zwart op wit. Ik vind het nu ook zo erg dat hij in al die programma's de mooie meneer aan het uithangen is, terwijl het de slechtste mens is die ik ooit in mijn leven heb ontmoet. Wat een vuile, vieze rat. Een kerkrat. Als je dit je vrienden aandoet. En het erge is dat er mensen zijn die weten wat hij mij heeft aangedaan en die desondanks nog met hem omgaan, bevriend met hem zijn, durven te beweren dat het zo'n aardige vent is. Ik kan het wel uitschreeuwen… Hij is de leugenaar, niet ik!'

'Hij heeft onze ruzie ook breed uitgemeten in de media. Daarin erkent hij gewoon dat hij wist dat mijn Spaanse vriend me bedonderde, maar dat hij hem wilde opvangen toen hij steun bij hem zocht. Wie gaat er nou steun geven aan een jongen die mij belazert, die met iedereen het bed in duikt en me probeert zo veel mogelijk geld af te troggelen? Als je al zo lang bevriend bent? En dan ook nog eens adviezen geven en een boekje opendoen over mij. Dan ben je een vriendschap toch niet waard?'

'Toen ik vertelde dat ik dit boek ging maken, dreigde hij dat hij ook een boek zou gaan schrijven over mij. Dat hij alles van me weet, dat hij de ongeautoriseerde biografie al klaar heeft liggen. Wat wil hij vertellen dan? Dat ik drugs gebruik; daar ben ik open over. Dat ik buiten de deur heb liggen neuken; heb ik allemaal verteld. Wat wil je nou? Een gluiperd is het, een slang.'

'Mensen vergeten zo snel. Ik niet. Ik vergeet niet. Ik ben eroverheen hoor, als ik hem tegenkom geef ik hem een hand. Maar straks, als dit boek er is, zal hij zeggen: "Je weet toch hoe Gordon is, die overdrijft altijd alles." Destijds vertelde hij naar aanleiding hiervan onder andere in *Nieuwe Revu* dat hij die Spaanse meneer alleen maar wilde "steunen", omdat ik "te ver" was gegaan met die arme jongen en jaloers was. En dat hij zich "nog nooit zo licht" had gevoeld sinds ik niet meer in zijn omgeving was.

Ik overdrijf echt niet. Ik lieg niet. En de mailtjes ook niet.

Ik heb geen idee waarom mensen zo tegen mij doen. Ik heb altijd naar eer en geweten gehandeld. Dit soort dingen zullen nooit in mij opkomen, ik zou zoiets niet doen bij mijn vrienden. Ik heb slechte dingen gedaan in mijn leven, maar nooit ten nadele van anderen, eerder ten nadele van mezelf. Maar ik zou nooit iemands vriendje afpakken en mails rondsturen hoe ze jou kapot kunnen maken.'

'Toch blijf ik vergeven. Dat is mijn grootste kracht. Ik heb dat geleerd; niet kwaad blijven, Gordon, maar vergeven. Dat wil trouwens niet zeggen dat iemand als Marc van der Linden ooit nog in mijn leven komt, maar ik sta er nu boven. Ik denk dat hij zich daardoor behoorlijk kut voelt als hij mij ziet. In zijn hart weet hij wat voor slechtigheid hij heeft aangericht in mijn leven.'

V.

Na dit verhaal, zegt Gordon, had hij negen maanden geen seks. 'Dat kun je je toch niet voorstellen? Negen maanden... Maar ik was zo gebroken, zo kapotgemaakt vanbinnen, mijn hart was zo vaak gebroken dat ik niemand meer vertrouwde.'

Tot er een nieuwe jongen in zijn leven kwam. 'Ik was uit in een tent in Den Haag. Er kwam een meisje naar me toe, echt een bloedmooi kind. Ze zegt: "Schat, mijn vriend vindt jou zo geil en leuk en ik denk dat hij hartstikke gay is, dus neem jij hem van me over?"

"Doe niet zo raar," zei ik, "wat een verhaal."

Maar die gozer komt aanlopen en ik kon mijn ogen niet geloven. Liefde op het eerste gezicht. Voor ons allebei. Hartstikke raar, natuurlijk, maar ze stond erop en hij ook en ik dacht na negen maanden; het wordt tijd. Het was bovendien zo'n mooie vent.

Hij ging die avond al met me mee en we zijn niet veel later samen naar Mykonos geweest. Ik fotografeerde toen, heb daar mooie foto's van hem gemaakt, zijn modellencarrière een beetje gestimuleerd.

We hadden het leuk, maar hij was volgens mij geestelijk niet helemaal goed. Dat was heel pijnlijk. We waren vier, vijf maanden bij elkaar toen hij een psychotische aanval kreeg, waar ik bij was. We waren in Kaapstad, ik had daar opnames. Het was vreselijk. Echt vreselijk. Hij bleek waanideeën te hebben. Zo beangstigend. Ik was oprecht doodsbang voor hem. Ik wist het niet, je ziet zoiets ook niet. Heel tragisch. Ik was zó bezorgd om hem.

Op een dag ging ik bij hem langs, omdat hij de telefoon niet meer opnam. Hij deed zijn deur ook niet meer open. Buren zagen mij voor de deur staan en die hebben *Shownieuws* gebeld. Kreeg ik zo'n redacteur aan de lijn, ineens, die vroeg waarom ik een scène stond te schoppen voor de deur van mijn vriendje.

Ik stond daar om iemand te helpen. Iemand die misschien wel zelfmoord wilde plegen. Dat vertelde ik, maar dat maakte *Shownieuws* niet uit, die wilden dat verhaal die avond gaan brengen. Er was al een cameraploeg onderweg. Ik heb Tina Nijkamp gebeld, die destijds directeur was bij SBS6, en haar het verhaal uitgelegd. Ik zei: "Als je dit uitzendt, kom ik naar SBS toe en rijd ik met mijn auto dwars door de gevel heen."

Ze begreep het direct, zei dat het niet kon, dus het is nooit gebeurd. De cameraploeg is teruggetrokken.

Het liep die avond goed af, maar zijn psychiater, die er op een gegeven moment ook was, zei later tegen me: "Je moet nu weglopen en nooit meer achteromkijken."

Zo vreselijk, zo verdrietig. Ik kon niks doen.

Vorig jaar belde die jongen me op. We hebben wel weer wat contact. Soms is hij heel helder, praat ie over die tijd, over hoe mooi het was. Vaker is het niet goed.

Juist daarom ben ik zo trots dat hij uiteindelijk masseur is geworden, dat hij die papieren heeft gehaald. Als hij je aanraakte, die energie die je dan voelde… ik heb het altijd tegen hem gezegd. Dat dat gebeurd is, vind ik geweldig.'

Daarna riep Gordon de hulp in van een mental coach. Hij zag het niet meer zitten, kwam er niet alleen uit, twijfelde aan alles. 'Misschien lag het allemaal wel aan mij, aan wat ik vroeger had meegemaakt. Waarom overkwam mij dit, steeds weer? Mijn liefdesleven was – en is – een groot drama, een rampscenario. Ramp na ramp en steeds weer de verkeerde. Ik heb zoveel liefde in mijn hart, zoveel liefde te geven, maar ik kan het niet kwijt en dat is zo frustrerend.'

Ondanks die mental coach volgde weer een eenzame periode die Gordon probeerde op te vullen met drank, drugs en seks. 'Ik was kapot. Ontroostbaar. Voor de zoveelste keer. De grootste reden dat ik die drugs gebruik is om mijn eenzaamheid te verdrijven. Het is geen verslaving, ik ben echt niet verslaafd. In negen van de tien gevallen zit ik alleen thuis. Neem ik een lijntje om het kutgevoel te onderdrukken. Thuis, ja, omdat ik te bekend ben om ergens anders naar de klote te gaan. Dat zit er niet meer in voor mij.'

Toch kwam er weer een nieuwe liefde in zijn leven. Achteraf gezien ook een kansloos verhaal. Gordon: 'Het was mijn *chick with a dick,* zo noemde ik hem. Een heel knappe jongen, maar te vrouwelijk voor mij. En alweer: veel te jong. Ik was bovendien niet verliefd op hem. Dat heb ik eerlijk tegen hem gezegd: "Schat, je bent te jong, ik ben niet verliefd op je, laten we dit nou niet doen." Maar ja, de seks was waanzinnig en het was ook nog eens echt een heel erg lieve jongen, een goed mens. Hij was ook altijd bezorgd om me. Maar ja, als jij het niet voelt… *it takes two to tango*. Zo kut.

Toch heb ik het twee jaar geprobeerd met hem. Omdat ik toch zoiets had van: liever iets dan niets. Heel egoïstisch van me, maar ergens hoopte ik ook oprecht dat het toch zou lukken, dat het gevoel zou groeien.

Dat gebeurde niet. Ik zei: "Ik geef het op, dit gaat niet lukken." Tot op de dag van vandaag is ie verliefd op me, stuurt hij me berichtjes. Zo'n lieve jongen.

In diezelfde tijd kreeg ik ook nog een relatie met mijn huisarts. Een vrouw. Knettergek, dat wijf, maar wel heerlijk. Ze moest mijn pik controleren omdat ik dacht dat ik een SOA had. Het was een blaasontsteking, maar ze had wel mijn piemel gezien en waarschijnlijk vond ze die lekker. Ik heb met haar dingen meegemaakt… Het was seksueel totaal ontwricht, maar op een heel leuke manier. Ik heb jarenlang met haar gerommeld.'

'Daarna kwam er een marinier. Stoere, brede gast. Met hem samen neukte ik vrouwen. Ik dacht dat dát dan misschien zou werken. Mijn biseksualiteit tot ontplooiing brengen, want ik val ook op vrouwen. Dat zeggen veel van mijn vrienden ook tegen me: "Waarom neem je geen vrouw, dat is veel beter voor je. Vrouwen zijn veel leuker, veel zachter, die houden van je."

Tussendoor was er nog een geheime lover. Ik zou hem bijna vergeten. Ik gok dat we de Libris Prijs voor chronologie sowieso toch niet gaan winnen met dit boek. Met die geheime lover heb ik tien jaar lang een affaire gehad. Hij had een vriendin. Hij kwam één keer in de week, maar op een gegeven moment voelde ik zoveel liefde voor hem en hij voor mij dat we samen verder wilden gaan. Ook dat bleek een leugen. Hij vertelde me alleen maar wat ik wilde horen. Die achterbakse lul. Uiteindelijk werd hij vader en heeft ie alle banden verbroken. Ook weg.'

VI.

Gordons – voorlopig – laatste serieuze relatie is ook gestrand. 'Op mijn vijfenveertigste verjaardag ben ik hem tegengekomen. Dat gebeurde tijdens een heel groot feest in mijn tuin. Mijn wereld stond stil. Ik had nooit zo'n mooie jongen gezien. Zwart haar, blauwe ogen.

Hij stond in de bediening die avond, maar hij was superslim en studeerde voor apotheker. Het bleek de man van mijn dromen.

Hij had destijds een vriend in Londen en we spraken weleens stiekem af, maar ik heb uiteindelijk drie jaar op hem gewacht. Ik ben een romanticus, dus ik deed in de tussentijd leuke dingen voor hem. Bootje regelen bij het Amstel Hotel, een dinner cruise doen, zo ben ik. Dat doe ik altijd. Voor een andere minnaar regelde ik bijvoorbeeld een keer een vliegtuigje, waarmee we naar een kasteel in Frankrijk vlogen. Landen, seks op het gras van de landingsbaan. Ik ben een hopeloze romanticus, een *sucker for love*. Ik wil het zo graag. Daarom zal het wel nooit lukken. Pak maar eens een hand zand; hoe harder je knijpt, hoe meer het loslaat. Dat probeer ik af te leren, maar ik ben veel, ik ben enorm, ik ben aanwezig, ik ben overweldigend.'

'In het najaar van 2013, na drie jaar proberen en wachten, ging hij eindelijk overstag. Ik was zo fucking blij. De eerste echte kus met hem in mijn woonkamer… wow. Hij was zo leuk.

Maar na een paar weken vertelde hij dat hij een aandoening had, een obsessieve gedragsstoornis, hij dacht dat zijn huid lelijk was. Wat dat allemaal met zich meebracht houd ik privé, ook voor hem, maar feit is wel dat als hij eenmaal in bed stapte, ik allang niet meer geil was. En dat was zo fucking pijnlijk, juist omdat ik zo gelukkig met hem was en hem ondanks alles heel erg leuk vond.

Daarbovenop had hij volgens mij ook nog een oedipuscomplex. Zo noem je dat toch, een obsessieve relatie met je moeder? Zij stuurde mij midden in de nacht smsjes: "Haha denk je nou echt dat je hem hebt? Hij houdt alleen van mij. Hij zegt wel dat hij van je houdt, maar hij liegt."

Ik kénde die vrouw niet eens.'

'Ik had net een goede vriendin van me begraven, Thea. Zij was een collega van Patrick, maar het werd een soort zusje van ons. We kenden haar al twintig jaar, hadden nog regelmatig contact, ondanks dat ze naar Suriname was verhuisd, maar plotseling kregen we bericht dat ze dood was. Een overdosis drugs. Dramatisch. Verschrikkelijk. Ik hoor nog haar stem. Wat een geweldig mens. En dan doodgaan aan een overdosis xtc. Ze had een dochter van twaalf.

Die begrafenis had ik net achter de rug. Ik was kapot. Hij haalde me op van Schiphol, dat deed hij nog wel, maar hij stapte niet eens de auto uit om me te verwelko-

155

men. Hij trok het niet meer, zei hij niet veel later.

Weer eentje die wegging. Mijn wereld stortte in. Alweer. Sinds hem ben ik alleen, nu al drieënhalf jaar.'

Gordon huilt, niet voor de eerste keer tijdens de gesprekken over zijn liefdesleven. Hij vloekt hartgrondig, zegt sorry, neemt drie ferme slokken van de witte wijn voor hem.

'De emotie zit zo hoog als ik hierover praat. Nog steeds. Altijd. Ik zal blij zijn als dit boek klaar is, als ik er niet meer over hoef te praten, dat het boek letterlijk dicht kan. Want het is toch erg dat de man met de meeste liefde in zijn hart van Nederland elke avond alleen op de bank zit? Ik kan het gewoon niet meer aan, een nieuwe liefde. Ik laat het niet meer toe. De volgende moet écht fucking zijn best doen. Ik hoopte wel dat er iemand uit dat programma, *Gordon gaat trouwen... Maar met wie?* tevoorschijn zou komen, maar diep vanbinnen wist ik wel dat het niet zou lukken. Ik heb het programma niet voor niets zo lang afgehouden. Ze hebben het me drie jaar lang gevraagd en ik heb telkens geweigerd. Ik durfde het gewoon niet. Ik denk dat ik er gewoon mee moet stoppen, met het zoeken naar de juiste man of vrouw, met het zoeken naar die relatie. Ik blijf gewoon heerlijk met Pat op de bank zitten, tot in lengte van dagen. Buiten de deur neuken en dan veilig thuiskomen.'

Hij neemt nog een slok. Is stil, eventjes. Hij kijkt naar het glas, wil een slok nemen, bedenkt zich. Dan, ferm: 'Het zit zo in mijn systeem dat ik een relatie wil. Een maatje, een *partner in crime*. Zit ik hier, met Patrick.

Denk je dat ik dat een weelde vind? Ik ben met m'n ex gaan samenwonen omdat ik niet alleen wil zijn. Ondanks de liefde die ik voor hem voel, ondanks de geschiedenis die we samen hebben, vind ik dat heel triest. Ook voor Patrick… Die is nooit verdergegaan met zijn leven. Maar het zal een keer goed komen, toch? Ik moet positief blijven. Het kan niet anders: er moet een kentering komen. Niemand is voorbestemd om alleen te blijven. Ik blijf geloven in de liefde.'

HET FEESTBEEST

I.

'Ik snap nog steeds niet waarom ik ben gaan drinken. Tot mijn zesentwintigste heb ik nooit een druppel gedronken en tot mijn tweeëndertigste gebruikte ik nooit drugs. Ik was alleen gefocust op mijn carrière. Ik vond alcohol verschrikkelijk, met dank aan mijn vader. En nu zuip ik zelf…'

De Mercedes van Gordon glijdt kalm en soeverein over de A6, maar in zijn hoofd stormt het. Hij weet het wel, dat hij een man van uitersten is, maar het blijft lastig om daarmee in het reine te komen. Zelfs nu hij bijna vijftig is. Hij weet wie hij is, wat hij kan, daar gaat het niet om, maar hij wordt af en toe best heel moe van zichzelf. Waarom kan hij niet een iets burgerlijker bestaan leiden? En dan niet een week of twee of een paar maanden, maar permanent. Het zou zo relaxed zijn, denkt hij, en een stuk gezonder.

Gordon onderbreekt zijn hardop uitgesproken gedachten met een grondig 'godverdomme' terwijl hij vol op de rem trapt. De BMW voor ons kwam vanuit het niets, voegde op het laatste moment in. Gordon is woest, vloekt veel en hard en trapt het gas vol in om de BMW-rijder te laten weten dat hij dit dus niet pikt. Na vijftien seconden laat hij het gas weer los, neemt een teug adem, zegt: 'Zie je, ik kán dat gewoon niet. Het is het een of het ander. Hollen of stilstaan. Ik ben wie ik ben, ik kan er gewoon geen fuck aan doen. Ik weet dat ik niet moet zuipen, dat ik geen drugs moet gebruiken, ik weet dat ik daar gezonder en slanker van word. Maar ik vind het gewoon zo lekker en zo leuk. Jezus, wat een gezeik.'

Gelukkig is er ook goed nieuws: vandaag gaat Gordon vliegen. Naar Texel. Goed eten en goed drinken in restaurant Bij Jef, dat gaat hij ook doen – een kleine uitzondering op het veganistische dieet dat hij volgt om af te vallen voor *Gordon gaat Trouwen... Maar met wie?* – maar dat vliegen is eigenlijk veel belangrijker. 'Vliegen is het mooiste wat er is,' zegt hij terwijl we het lullige parkeerterreintje van vliegveld Lelystad opdraaien. Terwijl we wachten op de instructeurs legt Gordon uit hoe het zo gekomen is.

'Ik was stiekem best een einzelgänger. Mijn ouders hadden geen idee wat ik allemaal deed, die waren zo bezig met hun eigen ding. Ik kon dus redelijk mijn gang gaan. Zodoende ging ik in mijn jonge jaren niet alleen naar televisieopnames, maar ook naar Schiphol. Vliegtuigen spotten. In mijn eentje, met de bus vanuit Amsterdam-Noord. Och man, dat vond ik toch spannend. Ook omdat ik daarin best wel alleen was. Niemand begreep dat, dus ik deed dat alleen, vertelde niemand wat ik aan het doen was. Ik was gewoon een hele middag weg. Dachten ze dat ik naar school was.

Ik ben echt een luchtvaartgek, nog steeds. Ik weet alles van vliegtuigen. Letterlijk alles. Elk vliegtuigtype, tot de nieuwste aan toe, tot op de dag van vandaag.

Daarom ben ik uiteindelijk zelf ook gaan vliegen, in 2006. Mijn toenmalige schoonvader was bezig met lessen. Hij vloog bij Jan van Wonderen, de opleider van Willem-Alexander, en hij vertelde me daarover. Dat wilde ik ook. En uiteraard ook bij Jan, want ik wilde vliegles van de allerbeste. Jan was alleen al in de zeventig, destijds, dus bij de eerste les zei ik: "Luister, Jan, alles leuk en aardig, maar stel dat je een hartverlamming krijgt. Ik wil eerst van je weten hoe ik dat vliegtuig aan de grond krijg."

Daar moest hij zo om lachen, maar hij vond ook dat ik gelijk had. Dus mijn eerste les was een noodlanding. Het was fantastisch. Hij legde me van a tot z uit wat er zou gebeuren als hij niet meer bij machte was om dat ding aan de grond te krijgen.

Ik had direct zoveel gevoel voor dat vliegen… Ik heb mijn brevet acht jaar geleden bijna gehaald. De laatste vier certificaten heb ik niet kunnen halen, maar nu, straks, op mijn vijftigste heb ik mijn brevet. Ik ga het dit komende jaar halen, let maar op. Ik kan vliegen als de beste. Ik heb al honderdveertig uur achter de knuppel gezeten en geloof me, dat is nog veel mooier dan business class. Ik vlieg nu te weinig, een paar keer per jaar, maar dat verleer je nooit. Net als autorijden.

Ik hou van het gevoel… Daar boven die wolken, als ik daar ben, dan vergeet ik alles.'

We zijn eigenlijk wat te zwaar bepakt, zeggen Marloes en Bas, het stel dat met ons meevliegt naar Texel. Maar ze zijn beiden instructeurs en Gordon kan ook vliegen, dus ach, wat kan er gebeuren?

Gordon zelf is ondertussen zo vrolijk als een kind. Hij wijst naar de vliegtuigjes in de hangar, noemt de type-nummers, legt uit hoe hard ze kunnen en hoe ver. Kijk, in die had hij zijn eerste les, zegt hij, en die andere heeft een inklapbaar landingsgestel wat natuurlijk veel echter en stoerder is.

Buiten staat een afgetankt vliegtuigje. Een rode, zo een-tje met een propeller. Het ding is ongeveer net zo groot als Gordons auto en – zo blijkt later – een stuk minder com-fortabel. Het is bovendien dus wat te zwaar beladen, iets waar niemand zich gek genoeg iets van aan lijkt te trekken.

Gordon loopt om het vliegtuig heen, inspecteert wat er zoal geïnspecteerd moet worden, streelt dromerig over de staart en geeft zijn bevindingen door aan Bas.

Bas zegt dat het goed is, klopt Gordon op zijn schou-der: 'Gaaf hè?'

'Zo gaaf,' zegt Gordon.

Daarna stappen we in. Het is loeiwarm en krap in het vliegtuig. Het zweet staat in Gordons nek, maar het lijkt hem niet te deren. Hij neemt samen met Bas de checklist door, doet wat testjes en start de motor. Het vliegtuig siddert en kucht, komt brullend tot leven. 'Dit is toch fucking geweldig!' schreeuwt Gordon door de koptele-foons, tegen niemand in het bijzonder.

De start gaat perfect, vinden Bas en Marloes, net als de vlucht zelf en de landing op Texel, drie kwartier later. Onderweg heeft Gordon via de radio contact met de grond. Hij geeft onze locatie door, de aanvliegroute, de dingen die piloten doen. Een serieuzere Gordon zal je niet snel horen.

'Iets mooiers is er niet,' ronkt Gordon in de taxi op weg naar het sterrenrestaurant in Den Hoorn. 'Ik zweer het je, ik ga mijn brevet dit keer echt halen. Hoe gaaf zou het zijn als ik straks in Zuid-Afrika woon en ik daar een eigen landingsbaan heb, pal voor mijn eigen Blushing spa en resort? Dat is toch fenomenaal?'

Later die avond, tijdens het zevengangendiner met bijpassend wijnarrangement, is de rush van het vliegen nog steeds niet weg. Het dieet is wel even helemaal naar de achtergrond gedrongen. Hij lijkt uitgehongerd – wat niet vreemd is na zoveel veganistische zelfkastijding – maar iedereen die hem een beetje kent, weet dat hij eet zoals hij is: snel en gretig. En met een aanstekelijk plezier, dat ook, mede dankzij het wijnarrangement. Een heerlijk gevoel, vindt hij dat, die roes van de wijn. Hij zou het ook voor geen goud willen missen, maar tegelijkertijd is er de woede en het onbegrip. Waarom ging de zoon van een alcoholist zelf drinken? Waarom in godsnaam?

II.

'Eigenlijk ben ik gaan drinken door Tineke de Nooij, mijn showbizzmoeder. Ik lustte helemaal niks, maar ik leerde Tineke kennen en zij is een bourgondiër. Ik ging een keertje met haar mee naar Kiev voor een of ander televisieprogramma. Liet ze me shotjes wodka drinken. De cameraman was dusdanig onder invloed dat Patrick, die ook mee was, het geluid moest doen, want de geluidsman moest camera doen, omdat die cameraman helemaal naar de tyfus was van de wodka. Dat was mijn allereerste keer. Ik was benieuwd, nieuwsgierig. Wat was dat dan, die drank, hoe smaakte het? Ik vond het zo smerig.

Tineke leerde me daarna wijn drinken. Daar ben ik helemaal niet rouwig om. Een wijntje bij het eten vind ik zo ongelooflijk supergezellig. Laatst was ik bij haar op bezoek in Zuid-Afrika; hebben we met z'n tweeën zes flessen wijn gedronken. Zalig. Moet je gewoon lekker doen. Maar ja, het is wel alcohol. En op dat punt ben ik toch ontzettend teleurgesteld in mezelf. Ik begrijp het eerlijk gezegd niet.

Ik denk dat ik het toch vooral doe om dingen te vergeten, om dingen niet te hoeven zien. Ik drink ook vaak uit eenzaamheid, uit verdriet. Verbroken relaties, dat soort dingen, weet ik veel wat. Maar als het niet kan, als ik moet werken, drink ik ook weken niet. Geen enkel probleem. Dat kon mijn vader niet. Ik wel, ik ben niet verslaafd.'

'Mijn eerste ervaring met drugs was op mijn tweeëndertigste. Een kwart pilletje. Xtc. Het gevoel van je eerste pilletje is geweldig. Godsallejezus wat was ik naar de klote. En we vonden het geweldig, Patrick en ik. Het was in een kroeg in de Reguliersdwarsstraat, tijdens de Gaylympics of de Olympic Gays of hoe dat ook heet. Het waren de Olympische Spelen voor de homo's, in ieder geval. Ik vergeet het nooit meer. Vanaf toen hebben we dat elke week gedaan, als we uitgingen. Jarenlang. Echt. We vonden het zo fantastisch.

Nu is het met name coke. Dat geeft me een beter gevoel. En soms ben ik dus in mijn eentje thuis coke aan het snuiven, puur om het kutgevoel uit mijn lijf te krijgen. Nee, ook dat is geen verslaving, want ik doe dat niet elke week. Maar ik snap wel dat het gevaarlijk is en het enge is dat ik het eigenlijk nergens meer leuk vind zonder coke. Ik ben vaak zo moe als ik naar een feestje moet. Zo moe dat ik nergens meer zin in heb, dat ik liever gewoon thuisblijf. Maar als je dan wat coke neemt, word je weer wakker. Zo werkt dat. Dat is best heel kut natuurlijk. Mijn lichaam geeft aan: je bent moe. Daar moet ik dan eigenlijk gewoon naar luisteren, ook omdat ik suikerziekte en die andere aandoeningen heb. Ik moet dus extra voorzichtig zijn. Daarom laat ik me altijd goed controleren en ik ben ook geen Wim Kieft, hè. Dat is zo extreem, dat heb ik nog nooit gedaan. Dat past ook niet bij mij. Ik zorg heel goed voor mezelf, de drugs zullen nooit de overhand krijgen. Ik heb het prima in de hand.

Ja, oké, je kunt het beter niet gebruiken… Het is al met al een wonder dat ik nog leef, dat is waar, maar ik heb nooit zoveel gebruikt dat ik dood zou kunnen gaan. Ik heb maar één keer een moment gehad dat ik dacht dat dat wel ging gebeuren, dat het over was. Ik stond onder de douche en ik dacht: ik heb te veel genomen, ik geloof dat ik 112 moet bellen. Ik had zoveel gesnoven dat ik er hartkloppingen van kreeg. Wat erg was dat, dat gevoel, wat verschrikkelijk. Uiteindelijk kwam die ambulance en die broeders vroegen me of ik het hek nog kon openmaken. Dat was ook echt het enige ding dat ik nog kon. Uiteindelijk liep het goed af.

Ik heb drank en drugs nooit een ding laten worden in mijn werk. Dat zal nooit gebeuren. Is ook nooit gebeurd. Nou ja, ik kwam weleens katerig van de drank of drugs op een optreden en heel soms had ik een snuif op, maar het was nooit zo dat ik niet meer toerekeningsvatbaar was. Ik kon altijd zingen. Het was op dat moment misschien niet het allerbeste optreden, maar ik gebruikte nooit tijdens de show.

Nou ja, dat zeg ik wel, maar ik heb één keer een pilletje genomen… Min of meer per ongeluk. Ik dacht: het duurt nog wel even voor ie begint te werken, dat optreden red ik nog wel, ik heb nog wel een uurtje.

Ik moest zingen op een of ander bedrijfsfeest. Godverdomme zeg… ik kon geen woord meer uitbrengen. Dat was me toch een gênante vertoning. Ik stond op mijn kop. Dat moet je gewoon echt nooit doen, ook omdat het een enorm effect op je stem heeft.

Verder heb ik één keer een tv-optreden afgezegd. Ik zou met LA The Voices optreden in een programma van Myrna Goossen. Op woensdagmiddag. De avond ervoor had ik een paar gasten over de vloer gehad. Heel lekkere jongens. Ze wilden een feestje met mij en ondanks het feit dat het dinsdagavond was, had ik zoiets van: eventjes kan wel. Ik vertelde ze nog wel dat de mannen van LA The Voices de volgende ochtend om elf uur voor de deur zouden staan, maar nee joh, dan waren ze al lang weg natuurlijk.

Niet dus.

Dat feestje liep helemaal uit de klauwen. Die gasten gingen op een gegeven moment zelfs aan de GHB. Dat doe ik niet. Ik heb alles geprobeerd, maar GHB en MDMA, daar ga ik heel slecht op. Ik kan er niet tegen, ik word er ook geen leuker mens van.

Die jongens hadden dat echter stiekem in mijn drankje gegooid. Ik weet niet of je het weleens gebruikt hebt, maar dan ben je dus echt helemaal van de wereld. Ik wel in ieder geval. Dat gebeurde rond vier of vijf uur 's ochtends. Jezus.

Op een gegeven moment ben ik tijdens een helder moment wakker geworden. Was het halfelf 's ochtends. Ik lag in bed, dat was me blijkbaar gelukt, dus ik ging naar beneden. Aan de keukentafel zaten drie gasten rechtop te slapen, met de kin op hun borst. Helemaal in coma. Ik dacht: nou, lekker, die zijn dood, heb ik weer. De vierde zag ik niet, maar die vond ik even later onder mijn auto, voor de deur, op de oprit. In z'n blote bast, in de kou.

Precies op dat moment ging de bel. LA The Voices stond voor de deur en die jongens zien die halfnaakte gozer onder mijn auto liggen.

"Was het leuk, schat, vannacht?"

Ik kon niks meer, ik was zó onder invloed, ik vond het vreselijk.

Ik heb de jongens van LA The Voices binnengelaten en die zagen dat hele schouwspel bij mij in de woonkamer. Ze hebben gegild van het lachen.

Uiteindelijk hebben zij die gasten naar huis gestuurd en mij in bed gelegd. Ik kon niet optreden natuurlijk. Zij zijn met z'n vieren naar Myrna gegaan, hebben haar verteld dat ik ziek was.

Dat is erg, maar erger wordt het niet. Ik heb gezien hoe mijn idool Whitney Houston zichzelf te gronde heeft gericht. Daar ben ik heel erg ziek van geweest, dat vond ik zo triest. Ik ben nog in die kamer geweest waar ze is overleden, in het Beverly Hilton Hotel in Los Angeles. Ik heb een bewaker vijfhonderd dollar gegeven en tegen hem gezegd: "Ik moet die kamer in."

Het zover laten komen, nee, dat zit niet in mijn systeem. Ik zou het ook niet aan mezelf kunnen verantwoorden.'

'Problemen met de politie heb ik ook nooit gehad. Juist omdat ik alles altijd binnenshuis doe. Nooit buiten. Ze zijn één keer aan de deur geweest. Ik had iets gekocht bij een dealer en die gast was later opgepakt. Mijn naam stond in zijn telefoon. Daar was de politie.

Ik zei: "Ja, en nu?"

Zij: "Nou, zou u willen getuigen, meneer Heuckeroth?"

Ik: "Wat denk je zelf?"

Zij: "Ja, maar we kunnen u ook oproepen."

Ik: "Dan doe je dat toch lekker. Ik kom toch niet."

Uiteindelijk was het niks. Nee hoor, ik heb nooit gedoe met justitie. Ik doe het gewoon nooit als ik buiten de deur ben, die helderheid van geest heb ik wel. Mij pakken ze niet.

Uitgaan is sowieso lastig. Ik doe het liever niet, ik wil geen gedoe. Ik kan namelijk nergens meer komen. Of ik moet beveiliging meenemen, mensen die me in de gaten houden. Iedereen maakt namelijk stiekem foto's of filmpjes. Ook bij mij thuis, dat bleek van de week weer. Ik had een paar gasten mee naar huis genomen. Beetje zwemmen, beetje kloten. Op een gegeven moment moest ik even pissen. Dat deed ik in de tuin – vind ik altijd leuk als ik lam ben. Mijn tuin is zo groot, dat maakt niet uit. Waarom denk je dat die tuin zo groen is? Maar ik zie dus mooi vanuit mijn linkerooghoek dat een van die gozers met z'n camera door mijn huis loopt te filmen… Kwader kun je me niet krijgen. Ik heb die gozer een klap voor zijn bek gegeven, het filmpje gewist en hem gevraagd: "Waarom doe je dit? Waarom maak je zo'n misbruik van mijn gastvrijheid?" Had ie geen antwoord op.

Waarom ik überhaupt nog mensen uitnodig? Omdat ik ook een leuk leven wil. Ik wil gewoon jongens mee naar huis kunnen nemen om lekker mee te rotzooien. Maar je kunt gewoon niemand vertrouwen. Er is zoveel uit mijn huis gestolen: horloges, gewoon uit mijn slaapkamer. Echt van alles. Er is voor tonnen uit mijn huis gestolen tijdens leuke feestjes en afterparty's. Zo fucking schofterig zijn mensen dus.'

'Natuurlijk doe ik nog steeds weleens gekke dingen. Ik haal soms lekker twee avonden door met vrienden, ik kan ontzettend naar de kloten gaan. Heerlijk toch? Ik heb zo vreselijk veel gelachen, ik heb echt nergens spijt van. Ik heb zo'n ontzettend leuk leven, ondanks die donkere kant. Dat komt mede door die uitlaatklep. Samen met mijn vriendjes en vriendinnetjes naar de kloten gaan, met de lieve mensen die me wel goedgezind zijn. Het is heel belangrijk dat ik dat altijd had, en nog steeds heb.

Het is alleen wel echt minder nu. Af en toe ga ik nog eens los op een feestje, maar mijn echt wilde tijd heb ik afgesloten. Die gekkigheid trek ik niet meer. Dat is echt een kwestie van ouder worden. Ik ben van een nachtje feesten al drie dagen aan het bijkomen. Dan ben ik helemaal van de kaart.

Het was trouwens ook niet zo extreem als mensen altijd denken. Ja, ik heb leuke feestjes gehad, maar het was niet alleen maar drank en drugs. Ik heb ook heel mooie feesten gegeven. Met prachtig gedekte tafels in de tuin, een orkest, ik heb ooit Las Vegas nagebouwd, echte hoeren geregeld, wijven die in blote tieten aan het paaldansen waren. Ik heb een kameel in m'n tuin laten zetten, zodat mensen rondjes om het huis konden rijden, ik heb de grootste limo's voor mijn deur gehad, een horlogemerk geïntroduceerd in mijn tuin, soms waren er meer dan driehonderd gasten.

Het waren grootse feesten, groter dan de meeste mensen zich kunnen voorstellen. Mijn feestjes waren legendarisch. Geloof mij nou maar, ik heb het écht allemaal gedaan. Dat moest ook wel, trouwens, want glamour is er niet in Nederland. Die heb ik zelf gecreëerd.

In Nederland moet je normaal doen, dan ben je al gek genoeg. Nou, ik ben niet gewoon. Anders was ik wel slager geworden.

Ik ben een heel aparte, een rare jongen. Ik hou van het leven. Ik hou van glitter en glamour. Ik ben altijd een vreemde eend in de bijt geweest. Dat trekken mensen niet goed. Dat is dan jammer voor ze.'

DE VRIEND

I.

'In het vak heb ik geen vrienden, al heb ik dat lange tijd wel gedacht. Er zijn wel mensen die vanaf dag één in mij geloofden, mensen die ik zelf ook bewonderde, voor wie ik respect heb. John de Mol, bijvoorbeeld, maar ook Erland Galjaard en Winston Gerschtanowitz.

Toch hebben zij me stuk voor stuk geraakt, me pijn gedaan, iets gedaan wat ik niet van ze had verwacht. Ik had blijkbaar een heel andere verwachting dan zij.

John vierde zijn zestigste verjaardag, een paar jaar geleden, en hij had zijn vrienden uitgenodigd voor een trip naar Rome. Ik mocht niet mee. Dat snapte ik oprecht niet, ook omdat Jeroen van der Boom wel mee was. Jezus christus, John, ik ken je al zo lang en dan ga je hém meenemen naar Rome? Godverdomme, waarom vraag je mij niet? Dat heeft me zo geraakt. Ik kom al jaren bij John thuis, zijn vader zat in de jury van een van die eerste talentenjachten waarin ik werd ontdekt, we maken de mooiste programma's samen… Mijn hemel, John, waarom doe je zo?

Dat heb ik ook tegen hem gezegd, ja, natuurlijk. Hij zei: "Dat moet je niet zo zien. Ik ben daar met een heel select groepje mensen en dat had jij helemaal niet leuk gevonden."

177

Sorry, maar dat vond ik een heel dom antwoord. Ik kan wel voor mezelf beslissen.'

'Met Erland was het precies hetzelfde. Ik maakte een programma: *Nooit meer naar huis*. Dat is mijn kindje, een van de mooiste programma's van mezelf op de Nederlandse televisie. Eindelijk iets met heel veel diepgang, met gevoel, met empathie. Een programma waar duizenden reacties op kwamen. Helemaal door mijzelf bedacht en ontwikkeld.

Er was in het begin heel veel twijfel over dat programma bij RTL, maar uiteindelijk mocht ik het toch gaan doen. Ik was in Capri voor opnames en was daarvoor al naar Maleisië geweest. Tijdens die tweede reis stuurde ik Erland een berichtje: "Schat, wat een fantastisch programma wordt dit, ik denk dat je megatrots op me gaat zijn."

Ik kreeg direct een berichtje terug: "We moeten maar even gaan kijken of we deze twee pilots daadwerkelijk gaan uitzenden."

Pilots? Die had ik al gemaakt, in Marrakesh!

Ik stuurde terug: "Jij denkt toch niet dat ik mijn tijd ga verdoen door nog eens twee pilots op te nemen? Voor een programma waar ik al maanden voor heb opgegeven?"

Dat werd zo'n felle discussie dat Erland de opnames stil liet leggen. Vervolgens heb ik drieënhalve week in het ongewisse gezeten over wat er met het programma zou gebeuren. De redactie kon geen kant meer op, we konden niet verder, we konden niks meer.

Ik vond dat zó hard dat ik alleen maar dacht: hoe kun je dat nou doen? Als je zegt zoveel waardering te hebben voor mijn talent, als je denkt dat je met elkaar bevriend bent... Ik vond het ook een enorme ondermijning in mijn kunnen als presentator, ondanks dat ik weet dat dingen niet zijn wat ze lijken in de televisiewereld.

Een paar jaar later volgde de hele situatie met Marc van der Linden. Erland wist daarvan, ik had het hem verteld. Ik had hem toevertrouwd hoe erg ik dat vond, hoe vreselijk die man mij behandeld had. Ik heb het Erland daarom op de man af gevraagd: "Help me hierin, haal die man van tv af."

Hij zei: "Dat komt goed."

Niet dus.

Ik was uitgenodigd voor *Million Dollar Wedding*, een van Wendy van Dijks minder grote successen. Ik zou in de eerste aflevering de opening doen met "Sugar Baby Love", een single van me die toen net uit was. Live, was dat, om acht uur 's avonds.

Ik zat in de kleedkamer *RTL Boulevard* te kijken, want het was de dag dat Ernst-Paul Hasselbach was overleden, destijds de presentator van *Expeditie Robinson*. Zag ik daar die dikke vuile vieze rat zitten. Tóch.

Godverdomme. Mijn hart brak.

Ik dacht oprecht dat Erland me had beloofd dat Marc niet meer op tv zou komen. Tenminste, dat is wat ik uit zijn antwoord had opgemaakt, maar misschien was ik te naïef geweest.

Ik belde hem op en zei: "Wat doe jij nou?"

Nou, daar had hij even geen tijd voor. Ernst-Paul was overleden, hij had het druk en die dingen liepen nou eenmaal zo. Hij kon toch niet iemand zomaar van tv halen?

Ik zei: "Moet jij eens kijken wat ik kan doen."

Ik ben tien minuten voordat we live gingen uit de studio weggelopen. Iedereen in totale paniek achterlatend. Woest was ik, woest. Wat zou jij doen? Als je denkt te hebben afgesproken: hij komt er nooit meer in.

Ik vond het wel heel kut voor Wendy, want zij kon er natuurlijk niks aan doen. Ik zou het openingsnummer doen, maar ik was er niet, dus dat werd een rel van hier tot Tokio. Maar ik heb het niet gedaan.

En hij zit er nu nog, die Van der Linden.'

'Ik weet ook wel dat het niet professioneel van me was. Ik had dat optreden gewoon moeten doen, natuurlijk, en dat spijt me ook echt. Maar dan komt de emotionele en rechtvaardige Gordon naar boven en die is niet te houden.

Ik heb het een paar keer gedaan, dat ik weg ben gelopen uit de studio. Bij X Factor ook. Het is jaren geleden, maar toch.

Ik denk daar nu wel beter over na dan toen. Ik was in die periode heel erg opgefokt, zat slecht in mijn vel. Dat was de tijd na die Spanjaard, nadat alles was geëscaleerd.

Niet dat ik moeilijk was om mee te werken, want dat is ook zo'n lulverhaal, maar ik weet gewoon wat ik wil en dat is voor sommige mensen blijkbaar heel lastig. En als ik ziek ben, ben ik ziek. Dat is overmacht. Daar lieg ik niet over, in tegenstelling tot andere collega's. In de tijd dat we Over de vloer draaiden, met Gerard, bijvoorbeeld. Dat was een drama met die man. Of hij kwam te laat of hij wilde ergens niet blijven slapen, er was altijd gezeik, hij was ziek, hij was dit, hij was dat. En ik was ook weleens ziek, maar dan écht ziek. Ik had zware medicijnen vanwege een longontsteking, ik had zoveel gehoest dat ik gekneusde ribben had. Dat kwam door het middel dat ik slikte tegen de psoriasis; prednison. Een paardenmiddel. Daar werd ik zo ziek van. Kijk die afleveringen maar terug, ik was soms helemaal opgezwollen door de prednison. Slecht in mijn vel. Lelijk. Man, wat heb ik eruitgezien. Maar Gerard is veel meer een nachtmens, die komt voor twaalf uur z'n nest niet uit, dus hij kwam soms gewoon niet opdagen.

De uitzendingen waren om te gillen, maar het ging nergens over. Als je me diep in mijn hart kijkt, zal je zien dat ik daar niet trots op ben. Maar we scoorden een miljoen kijkers dus iedereen was tevreden. Ik niet, ik was toen een heel ander persoon. Al dat gedoe die jaren, met die Spanjaard, met Marc van der Linden, dat heeft er gewoon enorm in gehakt.'

Toch zit dat weglopen bij een liveshow, met name die keer bij *Million Dollar Wedding* Gordon nog steeds dwars. 'Dat had ik niet moeten doen. Het was stom, ik heb dat niet goed aangepakt. Maar ik was op dat moment zo gekwetst, ik had echt verwacht dat Erland achter me zou staan, dat ie Marc van tv zou verbannen. Mijn gedrag heeft mij uiteindelijk ook veel imagoschade gebracht. Ik liep immers weg, ik was de ruziemaker. Dat bén ik helemaal niet. Ik ben niet van ruzie, ik ben van harmonie, van gezelligheid, van leuk.'

Hoe naar ook, het leverde Gordon wel een inzicht op, zegt hij: 'Ik wist vanaf dat moment dat ik geen echte vrienden in het vak heb. Vriendschap en samenwerken zijn twee verschillende dingen. Sindsdien laat ik niemand uit het wereldje meer dichtbij komen. Zelfs Winston Gerschtanowitz niet. Ik dacht echt dat hij een van mijn allerbeste vrienden in het vak was. Tot hij ging trouwen met Renate Verbaan. Leuk voor ze, natuurlijk, maar ik moest bij *RTL Boulevard* zien dat ie met zijn "vrienden" naar Las Vegas was geweest voor z'n vrijgezellenfeest. Als je dat soort signalen krijgt, als "vriend"… Wat is dat toch, dat mensen me dat elke keer aandoen? Ik heb echt geen idee waarom ik dat verdien. Omdat ze bang zijn dat ik uit de school klap? Dat zou ik nooit doen. Nooit. Ik vond dit een naaistreek, ik voelde me in de steek gelaten.

Dus ook Winston belde ik op. Ik vroeg: "Win, wat doe jij nou?"

"Ja, Gordon, Renate had liever niet dat je meeging, want die weet hoe je bent."

"Dan bel je me toch op en dan leg je dat toch uit? Dan zeg je dat we samen nog wel een keer een feestje doen?"

De volgende dag kwam hij met een enorme bos bloemen, zei hij dat ik helemaal gelijk hebt. Ja, Win, het zal wel. Je bent al naar Las Vegas geweest en ik was er niet bij.'

'En toch werk ik nog steeds met die mensen. Ook met Gerard Joling, die mij in de media al jaren betitelt als een collega in plaats van als vriend. Oké, jongen, prima, maar gezien hetgeen hij mij allemaal geflikt heeft, had dat eigenlijk mijn tekst moeten zijn.

Het zal wel te maken hebben met mijn grote hart, dat ik telkens toch zwicht voor het gevoel, voor de harmonie, de geborgenheid, de gezelligheid.

Het is best erg dat je na vijfentwintig jaar nog steeds geen vrienden hebt in dit vak, maar het is wel zo. Geldt voor heel veel mensen, trouwens, maar die doen net alsof. Types als die zogenaamde Toppers, bijvoorbeeld. Die slaan elkaar ondertussen gewoon de hersens in. Er is me verteld dat Jeroen van der Boom zelfs aan de hartbewaking lag, omdat ie het gedrag van René Froger niet meer aankon. Of het echt zo is, weet ik niet, maar het is wel hoe het wereldje werkt. Nou, ga maar lekker door met je *fake* vriendschap, maar aan mijn lijf geen polonaise. Ik hoef dat niet, ik wil dat niet meer.'

Een paar weken later, als de woorden hierboven een tijdje gemarineerd hebben, wil Gordon toch nog graag iets toevoegen. Een nuance aanbrengen. Want ondanks de woede die hij destijds voelde bij de ruzies, meningsverschillen of hoe je ze ook wilt noemen, ondanks het feit dat mensen hem oprecht geraakt hebben; ondanks dat is alles inmiddels weer goed, nu. 'Ik kan met iedereen weer door een deur, zeker met mannen als John en Erland, die zo ontzettend veel voor mij betekend hebben. Ik heb zoveel respect voor ze, voor wat ze allemaal gedaan hebben. Ik kan gewoon ook niet lang kwaad blijven, dat zit niet in me. Ook Winston en ik zijn weer goed, zelfs De Toppers en Van der Linden geef ik netjes een hand als we elkaar tegenkomen. Ik was vooral heel erg teleurgesteld en dan kan ik heel primair reageren. Maar het is oké, nu, het is uitgesproken, ik ben er klaar mee.'

II.

Zodra de lift opengaat en Wendy, de eindredacteur van *Hotter Than My Daughter,* Gordon heeft begroet en omhelst begint het.

Gordon: 'Jezus, kind, wat zie je eruit.'

Wendy: 'Je moeder zuigt lullen in de hel.'

Gordon: 'Een beetje respect, ik heb je opgeleid, hoer.'

Wendy: 'Wat ben je dik.'

Daarna wordt het echt grof. En hysterisch grappig, dat ook, want het mag er zo op papier nogal plat uitzien, het gesprek tussen Gordon en zijn eindredacteur, een dame die hij al jaren kent, is vooral geestig. Met name voor die twee zelf. Ze gieren het uit. 'Zij begrijpt me zó goed,' zal Gordon later zeggen, 'het is echt een fantastisch mens, maar ook op werkgebied iemand die het snapt.'

Dat is typisch Gordon; het ene moment grof, dan weer innemend. Van subtiel naar keihard. Van de harde lach naar tranen.

'Ik ben zo dubbel, wat dat betreft,' weet hij zelf ook. Daar moet je mee om kunnen gaan. Niet alleen als collega, ook als vriend of vriendin van Gordon.

Een van die mensen die hem begreep, was Belinda. 'Twee jaar voor mijn doorbraak leerde ik haar kennen. Ik stond op de Dappermarkt in Amsterdam-Oost, mijn favoriete markt. Ik vervulde daar een soort psychologenrol. Ik was dan wel heel jong, zeventien, achttien, maar ik was altijd erg met de mensen en hun sores bezig. Ik had veel vaste klanten die bij me kwamen uithuilen, hun hele levensverhaal aan mij vertelden. Dat zat er dus al vroeg in.

Op de markt leerde ik Belinda kennen. Ze liep op krukken en was een meter zestig hoog en twee meter veertig breed. Bloed- en bloeddik was ze. Ik maakte natuurlijk alle grappen die er zijn, wat dat betreft, maar zij maakte ze zelf ook. Die vrouw had zoveel humor.

We raakten bevriend.

Belinda was een *fag hag,* zo'n homoliefhebber. Ze nam me mee naar de iT, mijn eerste keer. Fantastisch. Ik durfde dat daarvoor helemaal niet. Die gekke wereld vol travestieten… Maar ik vond het geweldig. Ik was nog niet uit de kast en ik zei ook tegen iedereen dat ik geen homo was, maar in de iT liep Marchella rond, een travestiet met een heel grote waaier en zulke hakken. Die zei: "Nou schat, als je nog twijfelt, dan heb ik nieuws voor je: jij bent homo."

Manfred Langer, de eigenaar van die club, was helemaal fan van mij, die vond mij heel leuk. Hij gaf mij zelfs de kans om op te treden. Dus ik stond toen als jonge gozer in het voorprogramma van Gloria Gaynor, in de iT in Amsterdam.

Ik heb zoveel mooie dingen met Belinda meegemaakt. We hadden weinig geld in die dagen, dus dat was altijd nodig. Gelukkig waren we allebei heel gewiekst. Zo had ik al mijn orkestbanden laten verzekeren en op een gegeven moment heb ik de verzekering gewoon gebeld en gezegd dat die banden gestolen waren. Kregen we elfduizend gulden. Helemaal blij, natuurlijk.

Ook zo erg: Belinda en ik hadden ooit een reis geboekt naar Tunesië, ook al hadden we helemaal geen geld. Evengoed waren die tickets al uitgeprint. Niet betaald, wel geprint. We dachten: we gaan gewoon. Het was een heel groot reisbureau, wie zou dat nou doorhebben, toch? Daar gingen we, op vakantie. Met het zweet in onze handen, want voor hetzelfde geld word je opgepakt. Die mensen hebben uiteindelijk ook deurwaarders gestuurd, het was best heel heftig allemaal.

Ook de man voor wie ik werkte op de markt heb ik voor de gek gehouden. Nico heette hij. Die vent verdiende zoveel geld aan mij, ik werkte zo hard, maar hij betaalde me vijfenzeventig gulden per dag. Voor de duidelijkheid: ik maakte een omzet van drieënhalfduizend per dag voor Nico. Dat vond ik niet eerlijk, dus gaf ik mezelf elke dag wat extra.

Ik had ook nog een uitkering, dat dan weer wel, en ik weet ook dat het allemaal heel slecht was, wat ik heb gedaan. Maar het was mijn opvoeding en het was ook de tijd, de jaren tachtig. Er werd niks gecontroleerd, er was geen sollicitatieplicht. Dus deden we dat soort dingen, dat soort gekkigheid. Het was een manier om te overleven en het zat simpelweg ook gewoon in mijn systeem. Zo was ik opgevoed; mijn vader deed dat soort dingen aan de lopende band. Ik had ook nooit schuldgevoel, ik was gewoon een kleine oplichter in de dop. Ik was echt een jongen van de straat.

Ik heb het bovendien periodes heel slecht gehad. Dat ik echt geen geld had en ook niet bij mijn ouders wilde aankloppen. Dat ik van de honger geen ontlasting had. Het was de periode dat ik net uit huis was. Ik stond op de markt, was beginnend zanger en ik had een apart repertoire; ik zong nummers van vrouwen. Dat vond ik het allermooiste en dat paste ook goed bij mijn stem; Whitney Houston, Chaka Khan. Ik had dus niet dat volkse wat René Froger had, ik kende dat repertoire ook helemaal niet. Dat ben ik uiteindelijk wel gaan doen omdat ik geld moest verdienen. Ik deed alles om te overleven.

Toch was het een mooie tijd, mede dankzij Belinda. Ik denk dat ik met niemand in mijn leven zoveel gelachen heb als met die vrouw. Als ik terugdenk aan die tijd overstroomt mijn hart van vreugde en ongelooflijke blijheid. Die typische joodse humor van haar... Die uitspraak "ik heb er geen kracht meer voor" komt van haar. Zij had hem bedacht, ik nam het over en Gerard Joling heeft hem uiteindelijk geclaimd. Zo zit dat, zo is het echt. Mensen zouden eens moeten weten. Maar ik moest altijd zo hard gelachen als zij de telefoon opnam en weer een uitkeringsinstantie aan de lijn kreeg: "Ik heb hier zo geen kracht meer voor."

De mooiste grap die ik met haar uithaalde was bij een Chinees restaurant in Amersfoort.

"Kom schat," zei ik, "laat mij je jas even ophangen." Zij strompelde naar die tafel en ik hing die enorme jas op. Kwam ik terug met vier nummertjes: "Kijk lieverd, hier zijn de nummertjes van je jas."

Tranen van het lachen, allebei, gieren. Nu weer, nu ik eraan denk. Dat piepende lachen hadden we ook allebei. We zaten soms uren aan de telefoon en dan hoorden we alleen maar dat gepiep aan de andere kant, zo hard waren we aan het lachen.

Op een gegeven moment ging Belinda steeds meer

dingen voor me regelen; ze werd een soort van manager van mij. Maar ze was tegelijk enorm hulpbehoevend. Ik vond dat zo ontzettend heftig om haar zo te zien. Ze had zoveel pijn. Dus ik verzorgde haar, haalde haar boodschappen. Een soort mantelzorger.

Toen mijn carrière ineens los ging, kon zij dat helemaal niet verhapstukken. Dat was te veel voor haar. Ik zei dus dat ik een stap moest nemen, een andere manager moest zoeken, iemand die me dagelijks kon begeleiden. Dit was namelijk te zwaar voor haar. Dat was natuurlijk letterlijk en figuurlijk tegen haar zere been. Ik begreep ook wel dat het pijnlijk was, maar ik heb nooit tegen haar gezegd dat zij mijn manager mocht worden. Dat is zo gelopen.

Ik vond het vreselijk dat het zo ging, destijds, maar zij kon het gewoon niet aan. Ik had iemand nodig die meeging op tournee naar Zuid-Afrika. Dat was onmogelijk voor haar.

We hebben elkaar vervolgens twee jaar niet gesproken. We hebben het goedgemaakt, later, maar het is nooit meer geworden zoals het was. Zo jammer, dat was nergens voor nodig. Ik had haar nog zo graag willen helpen. Ik had haar nooit laten vallen, maar zo voelde zij dat.

Helaas is ze zeven jaar geleden overleden. Tweeënveertig was ze nog maar – in ieder geval een maat die ze nooit gehad heeft. Maar om die grap kan ze jammer genoeg niet meer lachen.'

'Na Belinda werd Willem Dubois mijn manager. Willem is een fantastisch leuke vent en hij had een geweldige vrouw: Bea, een visagiste. Ik heb een paar engelen ontmoet in mijn leven en Bea was er daar eentje van. Fantastische vrouw, innemend, hartverwarmend, lief. Ik was zo gek op haar.

Bea is degene die me naar Blaricum heeft gekregen. Ze belde mij op een gegeven moment op: "Ik heb zo'n leuk huisje gezien, in Blaricum, een Hans en Grietje-huisje." Ik woonde toentertijd op de Jisperveldstraat in Amsterdam, tien hoog, het prachtige appartement dat ik van mijn eerst verdiende geld samen met Patrick had gekocht. Schitterende plek, maar we hadden veel gedoe met de buren. Feestjes, ik kwam laat thuis natuurlijk. Overlast. Het was een heel onhandige plek voor een jonge jongen.

Bea wist dat, belde me en zei: "Ga jij nou maar naar dat huis kijken." Het kostte vijfhonderdduizend gulden. Nu 'spotgoedkoop' natuurlijk, voor zo'n huis, maar toen ook, want het was crisis op de huizenmarkt.

Ik zag dat huis, midden in de bossen, op de hei, en ik was op slag verliefd. Ik was er samen met Bea, Patrick en de hond, die had ik toen nog, een zwarte labrador. Ik wist: dit wil ik.

Ondanks dat het betaalbaar was, heb ik moeten lullen als Brugman bij mijn bank. Mijn huis kostte tweeënhalve ton en ik moest dus een dubbel hypotheekbedrag regelen. Ik weet niet meer hoe ik het gedaan heb, maar ik kreeg het. Zo ben ik in Blaricum terechtgekomen, in dat prachtige huisje.

Ik woonde destijds naast mevrouw Brenninkmeijer, die van de c&a. Ik praatte natuurlijk zo plat als een dubbeltje, een soort Martin Morero avant la lettre, maar ik dacht: ik stel me toch even voor aan die mevrouw. Hartstikke geaffecteerd praten, dat wel natuurlijk, en ze had een kast van een huis, maar het was zo'n leuk mens. Ik werd direct uitgenodigd voor de buurtborrel bij haar thuis. De buurt was namelijk bloednieuwsgierig naar wie die nieuwe buurman was. Stond ik daar tussen al die geruite rokken en rode broeken. Fantastisch. Een vreemde eend in de bijt, wat doe ik hier, dat gevoel had ik wel een beetje, maar mevrouw Brenninkmeijer was zó aardig. Ik voelde me al snel heel erg op mijn gemak en ik werd volledig geaccepteerd. Inmiddels behoor ik tot het meubilair daar, ik woon al vierentwintig jaar in Het Gooi.

Ik heb het huis in 1999 verkocht en daarna een ander huis ontworpen en laten bouwen. Daar woonde ik net elf maanden toen een meneer een envelop door de bus gooide. "Ik wil uw huis kopen en dit is het bedrag." Meer dan drie miljoen gulden bood hij. Ik dacht: dit kan ik niet laten gaan. En zo werd ik voor het eerst in mijn leven miljonair. Door dat huis. Dat geluk duurde maar heel even, want ik moest natuurlijk ook een nieuw huis hebben, dat was minstens zo duur.

Twee jaar nadat ik dat eerste huis kocht overleed Bea aan borstkanker. Twee kindertjes liet ze achter. Ik vond dat zo verschrikkelijk, zo erg. Bijna niet voor te stellen. Zo'n mooi mens, zo vroeg weggegaan. Ze was pas achtendertig.'

III.

'Ik heb mijn eigen vrienden, die heb ik al meer dan dertig jaar. Mensen die dol op mij zijn en ik op hen. Zij weten als geen ander wie ik ben. Kathy ken ik drieëndertig jaar, vanaf mijn zestiende. Een fantastische meid. Marijke ken ik al vijfentwintig jaar. Patrick, m'n ex-lover, nu mijn beste vriend. Joyce en Tessa ken ik nu een jaar of tien. Ik heb echt wel heel goede vrienden. Dat is mijn inner circle. Zij compenseren de eenzaamheid die dit vak met zich meebrengt en zij houden me *grounded*.

De vriendschappen die ik met mijn echte vrienden heb, zijn onvoorwaardelijk. Zij hoeven er niets voor terug, en andersom. Het was, is en zal altijd onvoorwaardelijk zijn.

We zagen elkaar vroeger vaker, omdat we toen allemaal vrijgezel waren. Maar Kathy heeft een kind gekregen, Marijke is getrouwd. Joyce en ik zien elkaar wel heel veel, want wij zijn nu allebei vrijgezel. Dat verandert toch een deel, een relatie, kinderen. Maar het is altijd goed. Als we elkaar een halfjaar niet zien, zijn we niet beledigd. We weten allemaal dat die vriendschap zo intens is, zo mooi, dan maakt het niet uit hoe vaak we elkaar zien; dat is er altijd. We hebben zoveel meegemaakt samen.

Natuurlijk zijn er mensen afgevallen, zo gaat dat met

vriendschappen, maar ik ben gezegend met heel leuke mensen, godzijdank. Het feesten met z'n allen is wel minder geworden. Marijke, de dochter van Henk van Dorp, is sowieso niet van dat soort dingen, maar met haar bel ik heel veel. Ze weet natuurlijk wel dat ik allemaal stoute dingen doe. Als ik haar daar af en toe over vertel moet ze weer vreselijk lachen. Juist omdat ze zelf een heel braaf meisje is. Zo'n intens lief kind. Net als Kathy trouwens, met wie ik dan wel wat feestjes heb gedaan. Ze heeft een eigen bedrijf, nu, en ook een dochtertje. Onze levens zijn wel veranderd, maar de vriendschap is hetzelfde gebleven.'

Toch zijn de twee belangrijkste mensen in Gordons leven zijn ex, Patrick, en, nog steeds, zijn moeder. Hoe hard ze ook kon zijn, Marie Heuckeroth speelde een van de belangrijkste rollen in Gordons leven. Zowel in positieve als in negatieve zin. 'Ze heeft verschrikkelijke dingen gezegd, maar mijn moeder was uiteindelijk toch mijn echte klankbord. Bloed is dikker dan water, ze blijft je moeder. Elk tv-optreden dat ik deed, bekeek ze en ze belde me daarna altijd op, al was het midden in de nacht. In negen van de tien gevallen zei ze dat ze het heel leuk had gevonden, maar soms was ze minder tevreden: "Wat had je aan, wat heb je nou weer gezegd, wat ben je dik?!"

Nou, mam, heerlijk, bedankt, ik kom morgen wel weer een tompouce brengen. Dat mis ik echt. Ik mis haar ontzettend.'

Maar pas als Gordon met of over Patrick praat, hoor je een zachtheid in zijn stem die weinig mensen te horen krijgen. Al doet hij er alles aan om de breuk met Patrick te relativeren. Fel: 'Misschien was het wel het beste, dat die relatie voorbijging. Seks maakt heel veel stuk namelijk. Als ik eerlijk ben, echt eerlijk, geloof ik ook niet meer in monogamie. Het idee dat mensen elkaar ontmoeten en voor altijd bij elkaar zijn... Ja, ik weet dat er mensen zijn die daar zo over denken, die dat willen, maar dat gebeurt gewoon niet. Helemaal niet in deze tijd. Het is een utopie om zo te denken. Zoals mijn ouders, die dertig, veertig jaar bij elkaar waren, dat is niet meer aan de orde. En dat is ook prima. Na tien jaar is het wel weer eens genoeg. Jij was leuk, voor nu, maar jouw kut heb ik nu wel gezien. Tijd voor een ander lekker kutje. Of een andere pik. Ja, zo simpel is het, het is gewoon niet meer dan dat. Of je moet iemand vinden die er ook zo over denkt, dat je samen gekke dingen kunt doen. Hoe leuk zou dat zijn, als ik dat voor elkaar kan krijgen.'

Dan, zacht, alsof hij weet dat hij zichzelf zojuist probeerde te overtuigen: 'Ik luister altijd naar Patrick. Hij waakt over mij. Patrick is onmisbaar.'

DE PECHVOGEL

I.

Hij zit goed in zijn vel, vandaag, Gordon. De laatste tijd sowieso. De opnames van *Gordon gaat trouwen… Maar met wie?* zijn in volle gang en die hebben hem al een tijdje ervoor doen besluiten een fiks aantal kilo's kwijt te raken.

Dat is gelukt.

Gordon volgt al wekenlang zijn veganistische dieet, hij drinkt niet – nou ja, bijna niet – en de drugs blijven ook tot een minimum beperkt. Af en toe een lijntje, misschien, maar vooral om een nieuw programma of zoiets te vieren, niet omdat hij zich rot voelt. Hij is afgevallen, dat ook, hij sport regelmatig. In zijn Amsterdamse appartement, pal tegenover het Van Gogh Museum, tilt Gordon met trots zijn shirt op. Met twee handen slaat hij op de opzienbarend afgeslankte buik. 'Kijk nou, dat is toch niet normaal? Ik ben zó trots.'

Dan: 'Wat een plek, hè, dit? Het kost aardig wat, qua huur, maar het is helemaal af. Heerlijk. Godver, ik voel me zó goed de laatste tijd,' zegt hij terwijl hij zich in de leren loungestoel voor het raam laat zakken. De ogen fonkelen, de levenslust en de energie spatten eraf. Gordon in optima forma.

Maar het kan ook anders.

197

'De kutzooi is begonnen na het overlijden van mijn vader. Posttraumatische stress zeiden ze. Het begon met een heel klein plekje op mijn achterhoofd. Er kwamen steeds schilfers van af en het werd maar groter en groter. Die dokter zei: "Het is stress." En dat gebeurt ook weleens, dat mensen psoriasis krijgen van de stress, en dat gaat dan uiteindelijk weer weg. Maar bij mij zit het in de genen. Het ging van kwaad tot erger. Ik ben naar een dermatoloog gegaan en die vertelde dat het toch echt psoriasis was. Het zat toen inmiddels ook op mijn elleboog. Kijk, je ziet de littekens nog. Het is donkerder, mijn huid daar, gepigmenteerd. Dat vind ik het allerergste wat ik heb, die psoriasis. Dat heeft mijn leven vergald. Het is uiterlijk, je ziet het, het is cosmetisch. En ik zat helemaal onder. Als ik een date had die leuk afliep, deed ik mijn kleren uit in het donker. Ik had nooit het licht aan in de slaapkamer en smeerde me altijd helemaal in met zalf zodat je die schilfers niet voelde. Afschuwelijk.

Het begon heel matig, op mijn negenentwintigste, maar een jaar later kreeg ik steeds meer klachten en dat werd zo erg dat ik in 2007 in het AMC werd opgenomen. Mijn huid zat zo onder de schilfers dat het levensbedreigend was. Je ademt door je huid, immers, en die zat zo onder dat ik helemaal moest worden ingesmeerd met hormoonzalf en daarna werd ingezwachteld. Ik heb een week lang op de huidafdeling gelegen. Ik ging toen met Sander. Zo'n lieve schat, die vond het vreselijk voor me.

Ik zat er heel erg mee. Ik heb het ook altijd verborgen gehouden, want ik schaamde me dood. Ik hield zelfs mijn vuisten gebald zodat mensen mijn nagels niet zagen, want die braken ook af. Ik ben nu twee maanden gestopt met die medicijnen en dan begint het weer. Zie je, mijn nagels zijn alweer aangetast. Ik ga morgen naar het Radboudumc in Nijmegen. Daar krijg ik een screening en nieuwe medicatie. Dan gaat het weer weg. Maar je raakt ook resistent voor bepaalde medicijnen. Ik heb inmiddels alles doorlopen. Chemokuren met methotrexaat, in combinatie met hormoonzalf. Levensgevaarlijk, maar alles om maar geen plekken op mijn lijf te hebben.

Heel heftig. En heel eenzaam.

Mijn familie en vrienden wisten het, maar verder niemand. Ik heb weleens een opname moeten afbreken van een programma dat ik met Gerard opnam op Curaçao. Dat ik zo ziek was van de plekken op mijn lijf dat ik gewoon naar huis moest.

Als je helemaal onder zit doet alles pijn, is alles te veel. Elke aanraking, zelfs de douche. Als je je rug buigt, voel je je huid breken, dat is verschrikkelijk. En die schilfers, de hele tijd. We maakten er ook wel grappen over hoor, maar het was dramatisch voor mij. Ik kan oprecht zeggen dat dat vijftien jaar van mijn leven verwoest heeft. Ik ben echt verminkt geweest.

Het gekke is: je groeit mee met zo'n ziekte. Je leert het accepteren, je leert erin te berusten: dit ben ik nu eenmaal, dit heb ik en ik kan hier niets aan veranderen. Maar ik zeg dat pas openlijk sinds een paar jaar.'

II.

Het bleef niet alleen bij de psoriasis. 'Ik kreeg er reuma-toïde artritis bij. Die combinatie zie je vaker. Psoriasis is een auto-immuunziekte en die gaan meestal vergezeld met een gewrichtsaandoening. De volledige naam van mijn ziekte is dus reumatoïde artritis psoriatica. Dat kon er ook nog wel even bij.

In 2003 kreeg ik een acute reuma-aanval. Ik had dus die vreselijke huid, waardoor zelfs mijn vingers vergroei-den – dat zie je nog steeds –, maar door de stress kreeg ik ook nog zo'n aanval. Ik had een theatershow gepland, maar door die reuma zette ik helemaal op. Ik had zúlke handen, ik kon mijn microfoon niet eens vasthouden, ik zat in een rolstoel, kon niet meer lopen. Zo vreselijk. De avond voordat die theatershow zou beginnen moest ik de hele tournee cancellen. De avond voor de premiè-re. Ik kon het gewoon niet. Ik wilde zo graag, iedereen was ingehuurd, maar ik kon niet meer. Ik kon niet eens lopen. Ik zat in mijn kleedkamer en dacht alleen maar: wat een nachtmerrie.

De pijn was niet normaal. Een van mijn zusjes heeft dat net ook gehad, een paar weken geleden. Ze stuurde me foto's en al die beelden kwamen weer terug.

Ik had wel direct zoiets: ik ga niet bij de pakken neerzitten. Dit accepteer ik niet. Ik ben godverdomme nog geen veertig. Ik ga niet nu al in een rolstoel zitten. Ik begon alles over die ziekte op te zoeken, alles uit te zoeken. En ik werd gebeld door Tony Mestriner, mijn goede vriendin die in Zuid-Afrika woonde, de eigenaresse van het Table Bay Hotel. Ze had het in de krant gelezen, mijn verhaal, belde me op en zei, met dat prachtige Limburgse accent van haar: "Je moet hierheen komen, het is hier lekker weer."

Goed idee, ook omdat ik de hele dag door mensen werd aangesproken over wat er nou was. Ik moest weg uit Nederland. Ik dacht: ik ga een paar maanden naar Zuid-Afrika.

Tony had ondertussen een dokter voor me gezocht, die me zou gaan helpen. De beste ooit, een fantastische vent. Gordon heette ie, dokter Gordon. Ik werd op de dag dat ik aankwam al opgenomen in het Capetown Hospital. Ze vonden het heel raar dat dat in Nederland niet gebeurd was. Dat snap ik nu zelf ook niet. Dokter Gordon vertelde dat er een paar opties waren. Dat we de ziekte konden laten uitvlammen was er eentje, maar dat zou lang kunnen duren. Mijn gewrichten waren ontstoken en dat deed vreselijke pijn. Elke beweging deed pijn. En ik had er ook nog hielspoor bij, nou dat doet echt zeer.

Ik zei: "Dokter, ik wil hier vanaf. Dit is ondraaglijk. Ik wil gewoon nu beter worden. Hoe? Wat ga je doen?"

Hij kwam met een paardenmiddel, iets wat ze niet vaak gebruiken, maar wel in dit soort gevallen. Goudinjecties: cortisone. Dat is het enige wat helpt.

Dat spul moest in mijn gewrichten gespoten worden met een heel grote naald, dan zou ik een uur later weer naar buiten wandelen.

Ik zei: "Doe maar, want dit kan ik niet meer aan."

Het kon niet verdoofd worden.

Daar ging ie. Ik zag hem die naald heen en weer bewegen. In mijn handen, in mijn knieën, nou nou nou, ik heb het werkelijk uitgegild. De prik achter in mijn hiel was helemaal verschrikkelijk, het leek wel een horrorfilm. Ik heb zo verschrikkelijk gehuild…

Maar binnen een uur, twee uur, voelde ik die pijn uit mijn lichaam trekken. Het ging gewoon weg!

Ik ben nog twee, drie weken in het hotel van Tony gebleven. Ze had een suite voor me geregeld. Ik hoefde daar ook nooit wat te betalen. Zo lief. Ongekend.

Ik heb daar heel rustig aan gedaan, want die ziekte is niet zomaar weg, maar ik heb nooit meer last gehad. Het staat nog steeds in verbinding met elkaar, dus als ik stop met alle medicatie dan voel ik dat mijn handen strammer worden en raak ik eigenlijk al in een soort van in paniek. Ik moet gewoon oppassen. Als ik heel veel stress heb, kan het zomaar weer gebeuren. Maar eigenlijk heb ik van al mijn aandoeningen van die reuma het minst last.

Het valt op zich wel mee, hoor, qua medicatie, nu, maar er zijn momenten geweest dat ik er gek van werd, van al die verschillende medicijnen. Ik heb heel veel troep geslikt. Ik zeg ook altijd: "Als ik kanker krijg, dan is het door al die medicijnen die ik heb geslikt." Ik vind het eigenlijk al een wonder dat ik zo oud ben geworden. Alleen al door die chemokuren had het snel afgelopen kunnen zijn… Maar mijn lever- en nierfuncties zijn vergelijkbaar met die van een jonge god. Daar snap ik helemaal niks van.

Op dit moment krijg ik één keer in de twee weken

een injectie tegen mijn psoriasis. Dat werkt goed, voor nu, totdat ik er resistent voor word. Eigenlijk ben ik op dat gebied de laatste anderhalf jaar pas echt gelukkig; ik trek nu zo mijn kleren uit op televisie. Van de week stond ik gewoon in mijn onderbroek voor de camera. Interesseert me niet, vind ik juist heerlijk. Het kan weer. Die schaamte is weg. De psoriasis heeft mijn leven jarenlang namelijk echt moeilijker gemaakt. Op tv lachte ik, vanbinnen huilde ik.'

III.

Dan is er nog de suikerziekte. 'Diabetes type 2. Ik kreeg
het rond mijn veertigste, in 2005. Het is erfelijk bepaald,
maar ik denk dat het bij mij getriggerd is door de enorme
hoeveelheden vruchtensap die ik dronk: sinaasappelsap,
appelsap, pakken dronk ik. Echt verschrikkelijk.

Mijn huid is nu gezond, de psoriasis is oké, maar die
suikerziekte is kut. Daar ben ik tegen aan het vechten.
Ik kan eigenlijk geen alcohol drinken, dat mag gewoon
niet. Ik heb nu vijftig dagen geen alcohol gedronken en
de eerste twee weken was mijn suiker helemaal in orde,
totdat het ineens weer omhoogging. Terwijl ik gezond at,
niks dronk, niks snoof! Die suiker was ineens niet meer
te stabiliseren. Ongelooflijk, ik snap er niks van. Ik moet
nu steeds insuline bijspuiten.

Het is een sluipmoordenaar. Je merkt in principe niks,
ja, je bent een beetje moe en dan weet je dat er iets is,
maar op langere termijn krijg je natuurlijk hart- en vaat-
ziektes. Je eindzenuwen gaan stuk. Bij heel veel mensen
met suiker worden hun benen geamputeerd. Dat lijkt me
zo vreselijk, een nachtmerrie.

Er is een grote kans dat ik niet oud word. En er is niks
aan te doen. Ja, gezond leven. Maar dan doe ik dat en dan
helpt het niet. Ik ben twaalf kilo afgevallen! Mijn dokter

snapt er niks van, want zoiets zou gelijk effect moeten hebben. Het is heel frustrerend. Ook omdat ik door dat diëten continu honger heb. Dat is mijn nieuwe ziekte: ik ben eetverslaafd. God, wat houd ik toch van eten. Het lekkerste wat er is. Op neuken na dan.

Ik zou op een gegeven moment kunnen zeggen: die alcohol heb ik in het eerste kwart van mijn leven niet nodig gehad, dus ik stop er maar mee. Dat je dan een keertje gek doet, maar voor de rest heel stabiel leven, goed eten, weinig drinken. Maar kom op, ik ben vrijgezel... Ik kan bovendien de aard van het beest niet veranderen. Ondanks het feit dat ik weet dat zo'n verandering mijn leven zou kunnen verlengen.'

'Uiteindelijk is alles te herleiden naar het overmatig drankgebruik van mijn vader en het roken van zowel mijn vader als mijn moeder. We hebben allemaal problemen in de familie: suikerziekte, gewrichtsproblemen, psychische gestoordheid, noem het maar op. Ik heb dat uitgezocht, hoe kan het dat ik al die ziektes heb, want mijn opa en oma hadden geen psoriasis, geen suikerziekte. Alles komt gewoon door dat stomme roken. Daarom heb ik er ook zo'n pesthekel aan. Ik haat het. Ik heb van de week iemand weggestuurd omdat ie rookte. Heel leuke jongen, maar hij rookte en het leek daardoor wel of ik een asbak leeglikte. Gatverdamme. Dan gaat het dus niks worden. En hij wilde wel stoppen voor mij, maar dat moet je nooit doen. Dan doe je iets tegen je zin en dat blijft altijd doorsluimeren. Ga je stiekem roken en dat soort ellende. Nee, sorry dat gaat niet gebeuren.'

IV.

Mykonos, september 2015

'Mykonos is altijd belangrijk voor me geweest. Ik heb
daar zulke fijne herinneringen. Het is er zo mooi ook. Ik
heb een filmpje op mijn telefoon staan, wist je dat, van
de middag voor het ongeluk. Ik zit op de scooter en ik
film. Zo prachtig.

Ik wilde er een weekje alleen naartoe. Even op vakantie. Daar was ik aan toe. Veel mensen vonden dat raar,
ze zijn van mij gewend dat ik met mensen wegga, maar
ik kan soms zo genieten van het alleen zijn. Ik heb altijd
al mensen om me heen. Ik heb die ruimte soms even
nodig. In mijn hoofd, in mijn hart. Zodat ik dingen een
plek kan geven.'

'Ik vloog via Londen, met British Airways. Dat was al
een heel gedoe. Bijna die vlucht gemist ook, ik was echt
net op tijd. Stress, jongen. Maar ik redde het en nam de
taxi naar het hotel: Tharroe of Mykonos. Een prachtige
suite had ik, met een waanzinnig uitzicht over die baai.
Ik douchte me, friste me even lekker op, ruimde mijn

spullen netjes op. Ik wist dat een heel goede vriendin van me ook op Mykonos was. We zouden die eerste avond afspreken, samen met een paar vriendinnen van haar. Ik had er echt zo'n zin in.

Ik had een scootertje gehuurd – dat is het handigst daar, in Mykonos Town, die straten zijn veel te klein voor auto's. Eenmaal daar had ik nog een heel mooi hemd van Louis Vuitton gekocht. Het andere hemd dat ik aanhad, heb ik gewoon in de vuilnisbak gegooid. Man, ik zag er zo prachtig uit. Echt, *I looked like a billion dollars.*'

'Gieren van het lachen natuurlijk, met die meiden, zoals altijd. Lekker eten en daarna drinken. Veel te veel, ja, natuurlijk. We kwamen uiteindelijk in een tent terecht waar de een of andere heerlijke barman direct met me wilde afspreken. Ik zeg: "Nou, dat is goed, hoe laat ben je klaar?"

Hij zegt: "Pas om een uur of vier, vijf."

"Hier is mijn nummer, bel me maar, ik zit hier verderop in het hotel. Kom daar maar heen."

Dus ik had het helemaal voor elkaar, dacht ik.

Maar ik was ineens zo lam. Ik dacht: ik kan niet meer op die scooter gaan zitten. Weet je wat, ik loop lekker naar huis. Pas een paar dagen later begon ik te twijfelen: misschien had er wel iets in mijn drankje gezeten. Want ik ben normaal nooit zo lam. Ik kan echt wel drinken en ook dronken worden, maar nooit zo dat ik ontoerekeningsvatbaar ben. Die nacht was ik helemaal van de kaart. Ik heb de meiden ook gevraagd of zij die avond drugs hadden gebruikt. Ze hadden MDMA genomen. Dan kan het bijna niet anders dan dat een van die meiden mij een slokje heeft gegeven. Niet met opzet, hoor, maar je weet hoe dat soort dingen gaan.'

'Het enige wat ik af en toe nog voor me zie, is het asfalt. Weet je wel: dat ik met mijn wang op de grond lig en dat asfalt van heel dichtbij zie. Dat is het enige. Van het ongeluk zelf weet ik godzijdank niks meer. Het licht was gewoon ineens uit.

Die weg waar ik liep had geen verlichting. Het was er aardedonker. Ze zeiden dat ik was aangereden door een groot voertuig, een busje of iets. Het moet een enorme klap zijn geweest.

Degene die het gedaan heeft, is gewoon doorgereden. Ik schijn er twee uur te hebben gelegen. Levensgevaarlijk natuurlijk, ik had zo nog een keer overreden kunnen worden. Uiteindelijk ben ik gevonden door de havenmeester. Die man zag me langs de kant van de weg liggen en heeft de hulpdiensten gebeld.

Ik werd wakker op een brancard in wat later een traumakamer bleek te zijn. Ik wist niet waar ik was, wat er was gebeurd. Totale paniek. Huilen. En pijn, zo ontzettend veel pijn. Ik heb het uitgegild. Ik heb nog nooit zoiets meegemaakt. Mijn hele leven bleef maar aan me voorbij flitsen, steeds weer. Och jezus christus, als ik weer terugdenk aan die pijn…

"*Relax, sir,*" zei die dokter daar, "*you had an accident.*" Hij vroeg me in welk hotel ik overnachtte en gek genoeg wist ik dat dus nog: Tharroe. Ze hebben dat hotel gebeld. Die mensen zullen natuurlijk ook wel ongerust zijn geweest. Het was inmiddels ochtend en waar is die man gebleven? Toch?

Op een gegeven moment kon ik met mijn rechterhand mijn telefoon pakken. Nog één procent batterij. Het enige wat ik dacht: ik moet nu Patrick bellen. Godzijdank is Pat altijd heel vroeg wakker. Hij nam direct op.

Ik zei: "Pat, ik heb één procent batterij en ik heb een ongeluk gehad in Griekenland. Bel de alarmcentrale, bel iedereen. Ik lig in een traumakamer, mijn hele linkerkant doet pijn, ik weet niet wat ik heb."

Toen werd de verbinding verbroken. Ik heb die jongen helemaal niet meer kunnen spreken. Die was natuurlijk in totale paniek, maar hij heeft meteen de ANWB Alarmcentrale gebeld.

Vlak daarna werd ik naar de gang gerold met mijn brancard. Er was een gozer binnengekomen die een of ander heel ernstig brommerongeluk had gehad. Het bloed spoot uit zijn benen, schreeuwen, het zag er verschrikkelijk uit. Die moest voor.

In dat hotel was ik de avond ervoor ingecheckt door een heel knappe gozer. Die stond plotseling naast mijn brancard. Ik heb een pak geld uit mijn broek gehaald en ik zei tegen die jongen: "Breng me naar een ziekenhuis. Ze hebben hier geen röntgenapparatuur, ik weet niet wat er met me is, ze hebben hier niks, alsjeblieft, alsjeblieft, alsjeblieft."

Ik weet niet meer hoe ik het gedaan heb, maar ik ben met die gast naar buiten gestrompeld. Ik moest wel, het kon niet anders. Hij heeft zijn stoel naar achter geklapt, me in zijn auto gelegd en me naar een privékliniek gebracht, iets verderop. Daar hebben ze uiteindelijk foto's genomen, daar werd ik stabiel gemaakt.

De ANWB Alarmcentrale was toen ook in werking

getreden. Dat ging heel snel allemaal. Zij hebben een traumavliegtuig geregeld en ik zou die avond nog van Mykonos naar Athene worden gevlogen.

Die hele vlucht, een uur lang, heeft er een man naast me gezeten die een plastic buis op mijn borst hield. Voor als ik een klaplong zou krijgen. Dan zou hij die buis in mijn long drukken. Ik was zo bang. Had zoveel pijn. Ja, ik kreeg morfine, maar die hielp niet. Tachtig milligram, het hielp godverdomme niet. Niets hielp. Godzijdank ging dat ding niet in mijn borst, die vlucht ging goed.'

'Dat ziekenhuis was prachtig. Het lag in Athene, aan de kust. Een waanzinnige privékliniek met prachtige verpleegsters, verplegers, mooie bedden, allemaal apparatuur om me heen.

De artsen legden het uit. Mijn hele linkerkant was zo'n beetje kapot. Mijn schouder, mijn arm, mijn sleutelbeen. Dat sleutelbeen was het allerergst. Ik heb nog nooit zoveel pijn in mijn leven gehad. Onvoorstelbaar. Mijn schouderblad was ook gebroken. Heel uitzonderlijk zei die dokter, want een schouderblad is zo sterk, dat krijg je bijna niet gebroken. Ik heb zo'n klap gemaakt...

De volgende ochtend kwamen die meiden ook nog langs. Die hadden geen idee gehad wat er gebeurd was. Die hoorden het van Patrick. Ze kwamen met z'n zessen, die bloedmooie wijven, met flessen champagne. Ze stonden nog helemaal op hun kop van het feesten, die hadden natuurlijk weer een hele nacht doorgehaald. Eén fles maakten ze zogenaamd vast aan het infuus. Ondanks mijn pijn heb ik zo hard gelachen. Och jezus, die doktoren wisten niet wat ze moesten zeggen.'

''s Middags ging ineens de deur open. Patrick. Stond ie daar. Aan mijn bed. Hij heeft gelijk een vlucht gepakt, daar heeft hij geen seconde over nagedacht.

Ik heb zes weken in een bed in mijn woonkamer gelegen om te herstellen. Ik kreeg tienduizenden berichtjes, er werden bloemen bezorgd, pannen soep gebracht, sushi, van alles. Meer dan tweeënhalf miljoen mensen hebben in die periode mijn Facebookpagina bezocht en lieve berichten gestuurd. Er kwamen verhalen in de media, dat ook. Dat het in scène was gezet, dat ik in elkaar was geslagen door Marokkanen... Het is verschrikkelijk. Maar al die lieve berichten hebben mij erdoorheen geholpen, hebben me sterker gemaakt. Ik was daar echt door overdonderd.

Ik ben nooit onvoorzichtig. Dat past niet bij mij. Ik let altijd zo goed op. Maar ik had hartstikke dood kunnen zijn. Dat realiseer ik me heel goed. Ik ga nooit meer alleen op vakantie, daar ben ik heel voorzichtig in geworden. Ik ben sowieso banger. Ik kijk wel tien keer om als ik over straat loop. Het kan in één keer afgelopen zijn.'

'Vorig jaar ben ik teruggegaan. Ik hoopte dat ik dingen terug zou krijgen van die avond, dat ik me dingen zou herinneren, maar dat is nooit gebeurd. Het was allemaal weg. Van het moment dat ik naar huis liep tot aan die traumakamer.

Een vriend van mij, Georgos, is eigenaar van de zaak waar ik die avond was, de Babylon. Hij vroeg me die keer of ik wilde weten wat er gebeurd was. Want een jongen bij hem achter de bar wist het. Ik schrok daarvan. Jezus christus, hoe kan dat, dat ze dat weten? Hij kwam naar me toe, die jongen. Hij vertelde dat de gast die me had aangereden een visser uit het dorp was. Een bekende, daar, en een enorme lul, want altijd dronken achter het stuur. Ook nu weer. Hij had me aangereden en is wel gestopt, maar volledig in paniek geraakt. Hij heeft een vriend van hem gebeld, een politieagent. Die is daarheen gekomen en heeft gezegd: "Ik los dit wel op." Hij heeft die visser door laten rijden en heeft mij gewoon aan de kant van de weg laten liggen, waar ik uiteindelijk werd gevonden door die havenmeester. Daar schrok ik wel van: zoveel corruptie. Dat je niet eens de hulpdiensten belt. Wat een honden. Voor hetzelfde geld was ik hartstikke dood geweest.'

DE SCHIJNWERPERS

I.

Het is stil in de woonkamer van Gordons Amsterdamse pied à terre. Om de zoveel minuten dendert een tram voorbij en Gordon zucht af en toe diep, dat wel. Op het aanrecht een paar lege flessen wijn en wat afwas van gisteravond; een bespreking met wat leidinggevend personeel van Blushing. De prullenbak puilt uit, maar, zegt hij, de schoonmaakster komt vandaag. Gordon houdt de boel graag netjes. Tussen de zuchten door mompelt Gordon af en toe binnensmonds een vloek, meer van verbazing dan van woede.

Hij heeft zichzelf – op mijn verzoek – gegoogeld. Om te zien wat er zoal over hem geschreven wordt, om te zien hoever het beeld dat hij van zichzelf heeft soms afwijkt van wat er in de media wordt gecreëerd.

'Dit is verschrikkelijk…' zegt hij. 'Ik word hier gewoon een beetje stil van, weet je dat? En het gaat ook maar door. Het is moeilijk om te lezen wat mensen over mij vertellen, mensen die ik ken, die eigenlijk altijd heel aardig tegen me doen. Hier, luister, Astrid Joosten, die heeft gezegd dat ze niet in *Linda's Zomerweek* had willen zitten als ik erin had gezeten. Omdat het programma wel diepgang moest hebben en dat lukt niet "met zo'n grapjas naast je". Als ik haar tegenkom, is ze altijd vriendelijk en leuk en dan nu dit. Wat een kortzichtigheid, godverdomme. Dat geeft precies aan waarom ik zo'n pesthekel heb aan die mediawereld, aan de showbizz. Mensen zijn niet eerlijk tegen elkaar. Ik kwam Winston Gerschtanowitz gisteren tegen tijdens een fotoshoot bij William Rutten, en ja, dan vliegen we elkaar in de armen en doen we lief en aardig, maar zoals ik al zei: écht diepe vriendschap, waarin we elkaar ook bij de belangrijkste privégebeurtenissen willen hebben is het niet. Terwijl ik wel echt van hem houd. Mijn gevoelens zijn oprecht, ondanks het feit dat hij me niet uitnodigde voor zijn vrijgezellenfeest. Ik kan dat niet faken.'

Hij scrolt verder.

'"Gordon heeft ruzie met Jandino Asporaat?" Wat? Ze dikken alles ook zo aan... "Gordon heeft knallende ruzie", "Gordon is woest". Bij negen van de tien stukken, denk ik: waar gaat dit over, wat is dit?

Dit stukje hier gaat over de ruzie die ik had met mede-*X Factor*-jurylid Eric van Tijn. Dat was een beroemde. Was trouwens helemaal geen ruzie, dat was een meningsverschil, maar ze vinden het zo mooi, ze genieten ervan. Ze weten alleen niet dat ze me met dit soort stukken kapotmaken. Dit raakt me.

Hier, zelfs een stuk in *Trouw*, de kwaliteitskrant: "Met Gordon heb je altijd ruzie". Over dat ik Tineke de Nooij een takketrol heb genoemd...'

Hij denkt even na, diept het voorval op uit zijn geheugen. 'Ja, dat was wel vervelend, maar Tineke is mijn showbizzmoeder en iedereen heeft weleens ruzie met zijn moeder. Ik was in Londen met mijn vriendje van destijds. Het was rond de tijd van het WK voetbal, in 2010. Dat vond plaats in Zuid-Afrika en ik vond het vreselijk. Er waren rellen omdat de bevolking boos was. Al dat geld ging immers naar stadions, onder andere naar dat Capetown Stadium dat er nu zo verloren bij staat. En acht kilometer verderop, in Khayelitsha, het township, gaan de mensen naar de tering, daar wonen ze in golfplaten huizen. Had dat geld godverdomme aan die mensen gegeven, had het in normale huisvesting gestoken, *whatever*. De prijzen waren bovendien enorm gestegen in het land, al het blanke personeel werd overal ontslagen, de sfeer was raar... Ik ben de allergrootste fan van Zuid-Afrika, maar ik dacht: dit is mijn Kaapstad niet meer.

Dat had ik op Facebook gezet, dat ik even een paar jaar over zou slaan tot de boel weer normaler zou zijn. Tineke schreef er vervolgens iets onder in de trant van dat ik niet zo dom moest lullen, dat het onzin was en dat het nog steeds een mooi land was. Daar ging het uiteraard niet om. Natuurlijk was het nog steeds een mooi land. Dat weet ik ook wel. Sterker: Tineke is door mij in Zuid-Afrika beland. Ik ging er in 1992 op tournee en kwam lyrisch terug. Ik vertelde Tineke erover, zei dat ze er echt heen moest gaan. Ze is vervolgens naar Kaapstad gegaan en heeft er zelfs een huis gekocht. Maar ik vond gewoon dat het WK alles verpestte. Daar antwoordde zij dan weer op en dat ging van kwaad tot erger. Het escaleerde. Vooral omdat zij mijn sms'jes op Facebook zette en ik haar een takketrol had genoemd. Daar heb ik spijt van, van dat takketrol, dat had ik niet moeten schrijven. Die vrouw heeft zoveel voor me betekend. Het kwam ook omdat zij de laatste was van wie ik zo'n reactie had verwacht. Ik had nooit gedacht dat zij me zo publiekelijk aan zou vallen, dat ze begon rond te bazuinen dat ik met iedereen ruziemaak. Ik heb daar heel veel last van gehad, flink wat tranen om gelaten.

Maar nu is het goed, hoor. Ik ben vorig jaar nog bij haar geweest op De Liefde, het estate waar ze nu woont. We hebben heerlijk gegeten, gedronken en gepraat. Ik hou van die vrouw. En ook al scheldt ze me straks weer verrot, dat maakt me niet uit. Ik sta uiteindelijk toch weer voor haar deur. We weten wat we aan elkaar hebben.'

Gordon scrolt weer verder. Het bloed lijkt met de minuut meer uit zijn gezicht weg te trekken. 'Het is ook allemaal zo cynisch en gemeen. En het gaat maar door. Een stuk van Cornald Maas, ook zo'n valse nicht. Lief in je gezicht, maar ondertussen mijn programma *Nooit meer naar huis* helemaal afbranden.'

Is het dan allemaal de schuld van de anderen, Gordon? 'Nee, natuurlijk niet, ik ben ook geen heilige, maar de teneur is al jaren: Gordon heeft ruzie met iedereen. Dus wat er nu ook gebeurt, ik heb het gedaan. Daar vallen ze steeds op terug. Vooral iemand als Gerard Joling roept dat continu. Dat is beschadigend. Ik lach daar om, ik maak er zelfs grappen over, maar het doet me pijn, het raakt me. Ik ben de eerste die schuld bekent of zijn excuses aanbiedt, als het nodig is, maar in de verhalen die ik in dit boek vertel ben ik niet de schuldige. Die dingen zijn gebeurd zoals ik ze heb beschreven. En die dingen wil ik ook vertellen. Natuurlijk heb ik zelf ook onhebbelijke eigenschappen, doe ik dingen verkeerd, maar ik ben dan wel man genoeg om te zeggen: "Het spijt me, ik ben te ver gegaan." Die kracht heb ik, hoe kut ik het soms ook vind. Dat moet af en toe.

Maar ik hoef en ga me niet verontschuldigen voor de dingen die mensen mij hebben aangedaan. Ik ben juist blij dat ik eindelijk eens kan vertellen hoe het écht zit, hoe en waarom dingen gebeurd zijn.'

Gordon blijft naar zijn telefoon staren, gebiologeerd inmiddels. 'Hier, dit, Claudia de Breij, die zich laatdunkend over mij uitlaat omdat ik iets positiefs heb gezegd over Mark Rutte, omdat ik af en toe met hem afspreek. Ik heb respect voor Mark, dat mag iedereen weten, en dat we elkaar privé ook heel aardig vinden en af en toe een kop koffie drinken, dat kunnen sommige mensen blijkbaar niet hebben. Ik ben blijkbaar een mongool of zo, ik kan volgens die mensen zeker geen normaal gesprek met de minister-president hebben. Waarom niet? Elke keer als mijn naam wordt genoemd, word ik weggewuifd. Alsof ik niet meetel. Ik word ook nooit gevraagd door een programma als *De Wereld Draait Door*. Ja, één keer, als tafelheer, maar toen was ik waarschijnlijk te grappig en dat mag natuurlijk niet. Maar om te zingen, nee, *never*. Daar zitten alleen maar types als Berget Lewis en Claudia de Breij, terwijl ik ook hits heb gehad. Echt grote hits. Ik word, zeker in die kringen, totaal niet serieus genomen.

Mensen denken daardoor dat ze zich alles kunnen permitteren, dat ze alles tegen me kunnen zeggen. Want het is Gordon maar, die hoeven we toch niet serieus te nemen.

Zo werd ik bij *RTL Late Night* ooit vanuit het niets aangevallen door Ancilla Tilia, die me vertelde dat ik niet zoveel coke moest snuiven. Ik vind het zwaar onbeschoft dat je iemand die je niet kent zomaar schoffeert op televisie. Ze zat die avond te zeiken over privacy, dat ze het belachelijk vond dat de privacy van mensen tegenwoordig zomaar geschonden wordt. Ik zei: "Als jij met je blote doos op internet gaat staan, dan vraag je om reacties. Dan weet je dat er mannen zijn die daarop gaan reageren, die nare dingen zullen zeggen, je misschien zelfs gaan lastigvallen." Dat is toch geen leugen? Dat kun je toch voorzien als je met je blote kut op internet gaat staan? Ik had een punt en dat wist ze, maar ze werd daar heel giftig over. Dus begon ze dat over die coke te roepen. Ze had er later spijt van, maar RTL vond het ook schandalig en ik had zoiets van: zij eruit of ik eruit. Ze is toen gevraagd de studio te verlaten. Ik accepteer dat soort dingen niet. Maar vervolgens kreeg ik alles en iedereen over me heen, want dat is natuurlijk leuk, dat Gordon live op televisie geschoffeerd wordt. Als er iets negatiefs te vinden is gaan alle registers open. We gaan je kapotmaken, kapot, kapot, kapot. Dat is waar de pers en het publiek kennelijk van smult.'

Gordon legt zijn telefoon omgekeerd op tafel. Genoeg. Hij is er zichtbaar door geraakt. Onzekerheid en woede vechten om voorrang, lijkt het. 'Ik weet,' zegt hij zachtjes, 'dat er dingen zijn die ik verkeerd heb gedaan. Ik heb ook mensen pijn gedaan. Dat nekschotverhaal, die vrouw van wie ik zei dat ze met een nekschot uit haar lijden verlost moest worden, dat was stom. In *Idols* was dat, de leukste jury ever. Eric van Tijn, Jerney Kaagman, John Ewbank en ik. We zaten achter die balie, aan het eind van de opnames, we waren in een melige bui. Die combinatie, wij vieren, dat was goud en daar keken in die tijd, 2010, gewoon twee miljoen mensen naar. Maar die vrouw kwam op en ik piste in mijn broek van het lachen, zo slecht. Ik liep naar achter, omdat ik echt niet meer bijkwam, maar Eric zei vervolgens iets in de trant van: hoe kunnen we die vrouw uit haar lijden verlossen. Eric zal dat ook beamen. Dus ik zei: "Geef 'r een nekschot."

Dat hebben ze vervolgens in de montage verknipt. Dat zweer ik op mijn moeder. Maar tijdens de perspresentatie was dat fragment te zien en ik riep direct dat ze dat echt niet zo uit konden zenden, omdat ze mij dan in een kwaad daglicht zouden zetten. Het was niet oké, met name omdat het verknipt was. Dus is het, op mijn verzoek, uit de uitzending gehaald. Het is nooit uitgezonden geweest, maar de pers heeft het wel gezien. Ook toen nam niemand er verder aanstoot aan, maar een journalist heeft het opgeschreven. Toen werd het ineens een heel ding.

Dus heb ik uiteindelijk wel een mea culpa gedaan. Sorry, dat had ik niet mogen zeggen. Het was te hard, maar het gebeurde in de meligheid van dat programma.

Het mooie is: als een cabaretier het zegt, is het kunst. En het moeilijke is, is dat mensen het ergens ook van mij verwachten. Ik zit niet in zo'n jury om alleen maar lief en aardig te doen.'

Toen Gordon in 2013 racistisch getinte grappen maakte tegenover een Chinese kandidaat, als jurylid van *Holland's Got Talent*, werd dat zelfs wereldnieuws. Iets waar hij géén excuses voor aanbood. 'Dat vond ik absolute onzin. Ik ben geen racist, verre van dat, maar je mag tegenwoordig niks meer zeggen en dat verdom ik. Ik kreeg ook heel veel bijval, destijds. Mensen vonden het belachelijk, behalve de moraalridders, de Claudia de Breij-types, zeg maar. Ik krijg daar echt de kriebels van, van dat soort mensen. Ze is verdomme nog in mijn huis geweest ook. Vloog ze om m'n nek, zei ze hoe geweldig ze het vond, hoe mooi ze mijn huis vond, dat ze mij zo leuk vond en zo grappig. Lang geleden, hoor, maar ik vind het verbijsterend dat mensen me privé lief en leuk vinden, maar me in het openbaar *not done* vinden.

Tijl Beckand zei het laatst tegen me, dat hij het zo oneerlijk en gemeen vond wat er allemaal in de media over mij verscheen. Hij had me een paar weken van dichtbij meegemaakt in *Het perfecte plaatje*. Ik moest er vrij plotseling uit, uit dat programma, omdat ik zoveel stress op de zaak had, maar daar baalde ik enorm van. Mijn foto's waren goed en ik had er ook echt plezier in, maar het kon niet anders. Tijl zei dat hij er echt naar van was dat ik weg moest, dat ze het echt heel leuk hadden gevonden. Dat soort dingen doet me dan echt goed, zo lief dat hij dat zei.

Maar dat is echt een unicum, een uitzondering op de regel. Die Angela de Jong van *Algemeen Dagblad* was laatst positief over *Gordon gaat trouwen... Maar met wie?*, maar ze noemde me ook ooit 'een klootzak met een goed hart'. Nou, jongens, poeh, wat een positieve recensie. Ze kon het nog net over d'r hart verkrijgen om dat op te schrijven, want ik deed het toch wel erg leuk, dat *Nooit meer naar huis*. Gordon leuk vinden mag niet van die types. Dus dan maar een klootzak. Met een goed hart, maar toch: een klootzak.'

II.

De rust keert even terug, maar het is een gespannen, geïrriteerde stilte. Het zit hem dwars. 'Een klootzak. Ja, jezus, ben ik echt een klootzak? Ik ben te direct, misschien, dat zal het wel zijn. Wimmy Hu van restaurant The Red Sun, in Blaricum, is bezig met een nieuw pand. Een ontzettend lelijk pand, maar dat zegt niemand, want dat doe je niet. Dat zeg je alleen achter iemands rug om. Ik niet.

Ik zei tegen Wimmy: "Schat, dat pand... die architect was doof, blind en achterlijk, of niet?"

Ze keek me lang aan en zei toen: "Er is godverdomme niemand die dat zo tegen mij durft te zeggen, maar je hebt wel gelijk."

Dat is natuurlijk niet leuk om te horen, maar het is wie ik ben. En ik denk dat dat de reden is dat bepaalde mensen een hekel aan me hebben. Ik ben te uitgesproken, te direct, ik zeg wat ik denk. Hoe stom dat soms ook is, want ik weet dat er al een paar zijn vermoord om die reden. Pim Fortuyn, Theo van Gogh... Niet dat ik mezelf met hen vergelijk, maar in november 2004, een week na de moord op Theo kreeg ik ook een bedreiging binnen. Ik was te gast bij *Life & Cooking* van Irene Moors en Carlo Boszhard en heel Nederland was eigenlijk nog steeds in shock.

Tijdens de commercial break – die duurde een kwartier – checkte ik in de kleedkamer mijn telefoon. Ik had een voicemailbericht. Iemand zei: "Allah aakbar, jij bent de volgende, vuile vieze kankerhomo, we gaan je slachten als een varken, pas maar op, je bent nu in de studio, we weten waar je bent."

Ik was helemaal van slag. Ik was in paniek, wilde niet meer op tv en heb de politie gebeld. Voor hetzelfde geld staan ze je op te wachten bij de auto, toch?

De politie nam het heel serieus. Binnen vijf minuten stonden er tien politiewagens op het Media Park. Mijn auto werd direct gecheckt op bommen door de Explosieven Opruimingsdienst, ik mocht niet naar huis, werd met politiewagen en escorte naar huis gebracht. Het hele land was natuurlijk in paniek, het was een heel gekke tijd. Ik moest huilen als een klein kind, ik vond het zo eng, het kwam zo dichtbij.

In de periode vlak daarna dacht ik ook direct: misschien moet ik voortaan mijn mond maar dichthouden.

Ik ben twee maanden lang door de Dienst Koninklijke en Diplomatieke Beveiliging beveiligd. Het duurde zo lang om die gast op te sporen omdat hij had gebeld met een prepaid telefoon. Het heeft de staat al met al een vermogen gekost, maar uiteindelijk vonden ze hem: een negentienjarig klootzakje dat bij een limousinebedrijf werkte. Geen moslim, geen terrorist, gewoon een autochtone grappenmaker. Hij had mijn nummer zien staan in het register van dat bedrijf en dacht: ik ga een grap uithalen. Gewoon, omdat hij me op dat moment op televisie zag.

Hij is van zijn bed gelicht door een arrestatieteam en

heeft uiteindelijk tweehonderdveertig uur taakstraf ge-kregen.'

'Het heeft me veranderd. Die schrik was zo intens. On-danks het feit dat het een grap bleek. Dus toen die hele kwestie met die Chinees ontstond, heb ik even getwij-feld: excuses aanbieden, door het stof gaan? Maar ik vond het zo absurd dat mensen daar een racistische gedachte bij hadden. Ik vroeg wat hij ging zingen, nummer 39 met rijst? Kom op, dat is toch grappig? Niemand struikelde er ook over, pas nadat een of andere Amerikaanse site er een ding van maakte: '*The racist remarks of the* X Factor *judge.*' Dat ging vervolgens een eigen leven leiden en pas een paar weken later kwam dat naar Nederland. Ook toen ben ik bedreigd, met name door Chinese jongeren, maar ik kreeg voornamelijk positieve bijval van mensen die het te belachelijk voor woorden vonden.

Ik ben niet racistisch. Ik maak wel grappen over ne-gers, Marokkanen, Surinamers, Joden, weet ik veel, maar dat doen we volgens mij allemaal in Nederland. Alleen zijn we er tegenwoordig ontzettend bang voor geworden en doen we er ontzettend spastisch over. Kijk die hele zwartpietendiscussie, dat gezeur van Sylvana Simons… Ik nam Sylvana vaak op de hak, ja, maar niet omdat ze zwart is. Nogmaals, ik ben geen racist, maar Sylvana is gewoon een vervelend mens.

We zijn doorgeschoten. We mogen niks meer zeggen, zien nergens meer de humor van in. We maakten áltijd grappen over Joden, maar tegenwoordig ben je antise-miet. Ik maakte een grap over Barbra Streisand, afge-lopen jaar, dat ze die concerten waarschijnlijk niet voor niets deed, dat ze er goed geld mee wilde verdienen en dat dat een Joodse eigenschap is. Iedereen over de zeik, werd meteen weer een heel ding. Zelfs Lodewijk Asscher wilde een gesprek met me. Ik zei dat soort dingen altijd op de markt. Barbra probeert nog even wat geld bij elkaar te harken, prima toch.'

Iets doen omdat je het altijd al zo deed, zoals bij de discussie rondom Zwarte Piet, maakt het niet minder fout, dat weet Gordon ook wel, maar, vindt hij: 'We zijn de kernwaarden van dat verhaal kwijtgeraakt. Als kind dacht ik nooit dat Zwarte Piet een neger was. In mijn belevingswereld was hij zwart omdat hij door de schoorsteen kwam. Niets meer, niets minder. Zo werd het thuis ook verteld. Mijn ouders zeiden nooit: "Zwarte Piet is een neger uit Ghana."

En natuurlijk begrijp ik die Chinezen als ze zeggen dat al die grappen zo cliché zijn, dat het flauw van me is. Ik begrijp het. Maar die clichés gelden voor elke bevolkingsgroep. Hollanders zijn gierige, vieze kaaskoppen, Surinamers zijn lui, Turken zijn om schoon te maken, Marokkanen zijn dieven, enzovoort. We hebben een multiculturele samenleving en dan heb je dus ook multiculturele humor. Dat wordt nog weleens vergeten. Er worden toch ook grappen over ons gemaakt? Dat we dus alleen maar kaas eten, gierig zijn, wiet roken en klompen dragen?

We zijn doorgeschoten. En het is nog onze eigen schuld ook. We hebben onze eigen problemen gecreeerd. We hebben onze grenzen zelf opengegooid, destijds, voor de gastarbeiders, omdat we te beroerd waren om zelf schoonmaakwerk te doen. Dus moet je nu niet zeiken. Je moet realistisch zijn en inzien dat we dit zelf gedaan hebben, dus moeten we ook zorgen dat we zo goed mogelijk met elkaar omgaan. Maar dat wil niet zeggen dat je de tradities van dit land om zeep moet helpen. Humor moet kunnen, humor is belangrijk. En zolang wij accepteren dat er een moskee wordt gebouwd in de Kerkstraat in Wognum zijn we al een stuk verder dan in veel andere landen op aarde. Maar we moeten niet doorschieten.'

Hij heeft er weleens over nagedacht, een politieke carrière. Gordon is niet voor niks al lang lid van de vvd en heeft zich ook meermaals ingezet voor die partij, is een van de weinige artiesten die zich openlijk uitspreekt over zijn politieke voorkeur. Maar veel verder zal het niet gaan: 'Eerlijk gezegd heb ik de ambitie wel, maar ik ben iemand die alles zegt. Dat is gevaarlijk. Kijk maar naar Pim Fortuyn. Waarom zou ik dat risico gaan lopen? Neergeknald worden omdat ik iets zeg wat anderen niet durven zeggen? En er ook nog eens heel beroerd voor betaald krijgen? Maar ik blijf het interessant vinden. Zeker in de periode dat ik met mijn vriend van destijds was, de woordvoerder van Rita Verdonk, zat ik er middenin en zag ik dingen van dichtbij. Enig. Maar ik word nu al zo neergesabeld door de politiek correcten, door elitair en intellectueel Nederland, door de Astrid Joostens en Claudia de Breijs van deze wereld. Denk je nou echt dat ik ook maar één kans zou maken? Geloof je oprecht dat ik ook maar enigszins serieus genomen zou worden als politiek leider? Ik heb er echt over nagedacht, zeker, mijn partij zou RespectNL gaan heten, maar ik weet zeker dat er alleen maar laatdunkend, denigrerend en respectloos over gedaan zou worden.

Ik heb het er weleens met Mark Rutte over gehad. Die zegt ook: "Doe het niet." Hij lééft voor de politiek, die man heeft geen andere dingen aan zijn hoofd. Ik vind het te gek dat hij het nog vier jaar mag doen. Moet je kijken waar we nu staan met het land. Alles lag op zijn gat door die Balkenende, het was één groot drama, een fiasco. Er is nu een begrotingsoverschot van drie miljard. Drie miljard… dat is nog nooit gebeurd. En hij werkt ook met zo'n leuke club mensen. Gedreven, fantastische mensen. Die Jeanine Hennis-Plasschaert vond ik ook zo fantastisch. Wat een leuke vrouw. Daar ben ik een keer heel erg dronken mee geworden. Dat was ten tijde van De Toppers. Ze kwam vaak kijken. Ik vind het leuk om met zulke mensen om te gaan. Ik ben breed geïnteresseerd, ik houd van kunst, reizen, lezen, politiek, alles. Ik wil niet dom sterven.'

III.

Hij wil toch nog even terugkomen op zijn vermeende klootzak-zijn. Het stoort hem. Hij wil het graag nog wat beter uitleggen, duiden waar die recht-voor-z'n-raapmentaliteit vandaan komt. 'Als ik één ding geleerd heb in dit vak is het: niet liegen. Ik zag ze wel, die anderen die het wel deden. Ik zag ze stuntelen in het nieuws of waar dan ook, maar ik heb er een broertje dood aan, aan liegen. Het komt ook altijd uit. Bovendien geeft het vertellen van de waarheid je iets menselijks. Het publiek ziet het vak van een afstand. Zij zien alleen de glitter en de glamour, het feest, het geld, ze zien een soort volmaakte wereld.

Die wereld bestaat niet. Wij, de artiesten, zijn niet volmaakt. Wij zijn gewoon mensen, net als iedereen. We maken fouten, we doen gek, we drinken, gebruiken drugs, misbruiken drugs.'

'Ik had altijd al een hekel aan liegen, maar in 1993 wist ik zeker dat ik het nooit meer in de media zou doen. Ik werd in dat jaar tegen mijn zin in ge-out door Catherine Keyl. Live op tv, bij de 5 Uur Show. Niet dat ik me ervoor schaamde, maar ik voelde me ook niet geroepen om te zeggen dat ik homo was. Een hetero hoeft ook niet te vertellen dat hij hetero is, dus waarom een homo wel? Bovendien ben ik bi. Misschien dat mensen destijds graag wilden weten hoe het nou zat met mij, maar ja, ik vond dat gewoon privé. Het ging ze niks aan.

Het meest ergerlijke was dat ik van tevoren tegen Catherine had gezegd dat ik het er niet over wilde hebben en dat ze het uiteindelijk toch flikte. Dat heb ik haar heel erg kwalijk genomen. Het is zo gelopen en ik ben hartstikke goed met haar, ben veelvuldig in haar programma's geweest, maar het is natuurlijk niet oké. Je spreekt samen iets af.

Ze vroeg ineens: "Val jij op jongens of op meisjes?"

"Nou ja, ik heb een vriend…" Ik wilde er nog achteraan zeggen dat ik net zo goed een vriendin had kunnen hebben, maar die kans kreeg ik niet. Dus voor het grote publiek was ik direct "die homo".

Dat heeft me echt geraakt. Ook omdat mijn plaatverkoop gehalveerd werd na die uitzending. Dat gebeurde, schat, echt waar. Het merendeel van de mensen dat mij leuk vond, was vrouw, nog steeds trouwens. En die vonden dat niet prettig. Inmiddels weten ze dat ik bi ben, dat schijnt te helpen – een beetje gay is oké.

Ik vond het destijds vooral heel klote voor Patrick. Die was en is wars van alle publiciteit. Ik ging toen al twee jaar met hem, we waren heel gelukkig, en dan dit.

Toen besloot ik: ik ben er vanaf nu open en eerlijk over. Niet dat ik er eerder over loog, maar ik vertelde er gewoon niks over. Dat was mijn goed recht. Maar na dit akkefietje was ik altijd open over mijn liefdesleven, over drugs, over alles. Dus ook over waar ik mijn geld aan spendeer. Waarom zou je daar krampachtig over doen?

Een collega als Marco Borsato wil vooral niet aan de grote klok hangen dat ie in een dure auto rijdt of geld uitgeeft. Waarom niet? Toen Marco in 2009 huilend op televisie vertelde dat ie failliet was, had ie volgens mij nog meer dan genoeg op zijn rekening staan. Maar bij hem gaan mensen massaal naar zijn concerten, omdat het zo'n lieve aardige jongen is. Zo betrouwbaar. Wie is dan eerlijker? Ik dus. Maar dat wordt niet gewaardeerd.'

'Veel van mijn relaties zijn ondanks mijn openheid kapotgegaan. Want je ben BN'er en dan heeft iedereen een mening over jou en je vriend, iedereen wil weten wie je nieuwe liefde is. Zelfs als ik met een zakenpartner ga eten, vragen ze gerust of hij mijn nieuwe vriend is. Ik vind dat zo onbeschoft als mensen dat vragen. De media hebben veel kapotgemaakt.

Mijn laatste grote liefde bijvoorbeeld, de liefde van mijn leven, heeft jarenlang gestudeerd, maar hij werd door de media afgeserveerd als "naaktmodel". Omdat ie een keer een fotoshoot in z'n zwembroek had gedaan voor een of ander blad. Jongens, wat een bekrompenheid. Ik begrijp wel dat je dan zegt: "Laat maar zitten, Gordon."'

Diezelfde openheid en zijn totale gebrek aan zelfcensuur hebben Gordon naast relaties ook veel klussen gekost. 'Ik word heel weinig gevraagd voor commercials. Ik denk dat bedrijven het niet aandurven. Ik ben veel te uitgesproken. Het heeft me dus heel veel nadelen opgeleverd, mijn eerlijkheid.

Als ik het net zo had gespeeld als andere collega's, de nette jongen had uitgehangen, de burgerman die altijd keurig netjes om halfelf thuis zit en niet in de lampen hangt met een neus vol poeder, ja hoor, dan had ik veel meer geld kunnen verdienen.

Niet dat ik daar spijt van heb. De afgelopen vijfentwintig jaar hebben me absoluut geen windeieren gelegd, ik heb een heel mooie carrière opgebouwd en daar ben ik heel trots op. Ik kijk niet terug met rancune, ik koester geen wrok, heb geen misplaatste gevoelens.

Ik had ook niet anders gekund. Wat had ik dan moeten doen? Een ander imago creëren? Dan creëer je iets wat je niet bent. Veel collega's hebben precies dat gedaan, maar ik doe er niet aan mee. Ik weet hoe ze echt in elkaar steken en mede daarom loop ik ze voorbij. Ik kan er niet tegen. Ik wil er niks mee te maken hebben.

Maar ik ben niet van steen. Ook al zijn de meeste zogenaamde ruzies in dit wereldje helemaal geen ruzies. Het wordt opgeblazen, vaak zelfs volledig uit de duim gezogen, maar je staat met je rug tegen de muur, want je moet reageren. Dat is althans wat ze willen, maar dat doe ik dus niet. Dus kunnen ze schrijven wat ze willen. Ik heb daarom een periode serieus overwogen om Nederland te verlaten. Dat was in 2010. Mijn moeder was net overleden en er was veel gedoe over het Songfestival. Iedereen was eerst helemaal euforisch dat De Toppers gingen, iedereen vond het geweldig en het was zo'n mooi liedje ook, maar we werden een na laatste in de halve finale en ik heb nog nooit zo'n bak met vuil over me heen gekregen. Echt niet te geloven.

Dat is zo inherent aan dit land. Het is zo'n negatief

kutland met mensen die elkaar het licht in de ogen niet gunnen. Af en toe denk ik weleens: waar is het allemaal misgegaan in Nederland. Dat was dertig jaar geleden toch niet zo? Nu heb je tweehonderdduizend zielige malloten met een Twitter-account en media die hun nieuws baseren op drie tweets van een stel gekkies… "De publieke opinie is…" Omdat drie mensen hebben getweet dat je een klootzak bent? Hou toch op. Het is vreselijk. De verloedering van de maatschappij heeft plaatsgevonden via internet. En die verloedering heeft me destijds bijna genekt.

Die positionering in het Songfestival, daar houd je rekening mee. Het is een Songfestival, je weet dat je kunt verliezen, maar die lading stront… Ik ben daadwerkelijk op zoek gegaan naar een boerderij in Montagu, een stad in Zuid-Afrika. Die vond ik. Dat landgoed lag prachtig, het waren twaalf cottages en een manor house. Daar zou ik een soort welness retreat beginnen. Ik dacht oprecht: dit is misschien wel beter, stoppen met die showbusiness. Weg van al die verschrikkelijke verwensingen op internet, want daar is uiteindelijk geen mens tegen bestand.

Ik heb een mental coach genomen, in die periode. Die kwam drie keer in de week bij mij thuis. Ik zat er helemaal doorheen, was volledig opgebrand. Die man heeft me erdoorheen geholpen.

Uiteindelijk ben ik heel blij dat ik het niet gedaan heb, die verhuizing naar Zuid-Afrika. Ik had het bijna gekocht, hoor, maar het had natuurlijk nooit vanuit vluchtgedrag mogen gebeuren. Dat vertelde die coach mij ook: van voor dingen weglopen is nog nooit iemand beter geworden. Ik dacht: je hebt gelijk. Ik ben zo sterk geweest, altijd, dus nu moet ik ook sterk zijn voor mezelf. Dat is gelukt.

Maar het scheelde niet veel. Ik voelde me verschrikkelijk. Het was geen depressie, ik was gewoon op. Leeg. Helemaal leeg. Alle positiviteit en levenslust was me totaal ontnomen.

Ik heb het destijds niemand verteld. Alleen mijn goede vriendin Joyce en Patrick wisten het. Ik wilde niet dat dat ook nog naar buiten kwam en ik wilde mijn andere vrienden er niet mee belasten.

Ik was murw geslagen door wat er gebeurd was, maar die coach zei ook dat het te maken had met mijn jeugd. Aantrekken, wegduwen, aantrekken, wegduwen, dat is de rode draad in mijn leven.

Toch heeft het me wel gemaakt tot wie ik nu ben. En daar mag ik trots op zijn. Of ze me nu een klootzak vinden of niet.

Het enige wat ik echt erg vind, is dat ik nooit de liefde heb kunnen vinden waar ik zo naar verlang. De rust in mijn hoofd en hart. Als ik daar lang over nadenk moet ik heel hard huilen.'

NAWOORD

U heeft zojuist over mijn leven gelezen, een leven dat ik soms zelf niet kan bevatten. Heb ik dit allemaal echt meegemaakt?

Laat ik vooropstellen dat ik op geen enkele wijze iets had willen missen of anders had willen beleven, ondanks de pijn en het verdriet die het mij heeft gebracht. Daartegenover staan echter zoveel momenten van geluk en blijdschap dat ik denk dat mijn leven in balans genoemd kan worden.

Ik word dit jaar vijftig en beschouw het dan ook als een mooie eerste helft van de wedstrijd, in mijn voordeel. Ik weet dat sommige verhalen wellicht beter nooit verteld hadden kunnen worden, maar het is nu eenmaal wat ik heb meegemaakt. In veel gevallen – zo niet alle – heb ik diegene al lang vergeven en ik hoop ook dat mensen mij in hun hart vergeven hebben voor de fouten die ik heb gemaakt. Ik ben door dit alles de man geworden die ik ben en ik weet dat ik op deze manier door zal gaan, mijn eigen weg zal volgen en altijd trouw zal blijven aan mezelf.

Ik heb vele mensen teleurgesteld met mijn trouwprogramma, maar geloof me: ik heb alles op alles gezet om echte liefde te voelen. Dat ik ten faveure van het programma – om de uitkomst niet te verklappen – dingen heb verteld die niet waar waren, spijt me oprecht. Maar ik heb nooit gelogen over mijn gevoelens en ook nooit tegen iemand gezegd dat ik verliefd was op een van de kandidaten.

Hoe dan ook hoop ik dat u mij na het lezen van dit verhaal iets beter hebt leren kennen, wellicht bent u anders over mij gaan denken. Ik heb de juiste intenties en probeer zo veel mogelijk een goed mens te zijn voor mezelf en mijn omgeving. Dat mijn leven niet altijd over rozen is gegaan mag duidelijk zijn, maar ik ben boven alles een gelukkig en bevoorrecht mens en ben elke dag dankbaar voor het feit dat ik al die mooie dingen heb mogen doen die mijn leven hebben getekend.

Ik hoop die mooie dingen nog vele jaren in gezondheid te mogen blijven meemaken en op een of andere manier een positieve bijdrage te kunnen leveren aan de samenleving, hoe groot of klein dan ook.

Ik ben een blij man.

Gordon
januari 2018